我
们
一
起
解
决
问
题

怎么做调研， 如何写报告

何晓斌　孙枭雄　等◎著

人民邮电出版社

北　京

图书在版编目（CIP）数据

怎么做调研，如何写报告 / 何晓斌等著. -- 北京：
人民邮电出版社，2023.11
ISBN 978-7-115-62675-2

Ⅰ．①怎… Ⅱ．①何… Ⅲ．①调查报告－写作 Ⅳ.
①H152.3

中国国家版本馆CIP数据核字(2023)第177522号

内 容 提 要

2023 年，党中央指出，要在全党"大兴调查研究之风"，希望广大干部走入群众中，了解基层困难，解决实际问题。那么，调查研究工作到底应该如何有效地开展呢？调研报告应该如何撰写呢？这些问题对于要从事这个工作的读者显得尤为重要，而本书就提供了解决方法。

本书首先简要阐述了调查研究的发展史、分类、基本程序与方法，以及高质量调研报告的特点，然后深入讲解了调查研究工作的多种操作方法。具体而言，本书讲述了确立调研课题以破除重点难点的方法，如实证法、排除法等；定性与定量资料的收集、加工、整理方法，如访谈法、座谈法、问卷调查等；调研报告的基本结构及撰写方法，如立好意、定好题、理思路、搭架子、用资料。最后，本书从类型、结构、撰写三个方面，深度且细致地讲解了政府类调研报告、企业类调研报告及学术类调研报告的写作方法和要求。总之，本书为需要做调研工作、写调研报告的读者提供了丰富、系统且翔实的方法指导，读者可以按照书中所讲进行实际操作。

本书适合政府机关、企事业单位、科研院所及高校需要做调研和写报告的人员阅读。

◆ 著　何晓斌　孙枭雄　等
　　责任编辑　张国才
　　责任印制　彭志环

◆ 人民邮电出版社出版发行　　北京市丰台区成寿寺路 11 号
　邮编 100164　电子邮件 315@ptpress.com.cn
　网址 https://www.ptpress.com.cn
　北京七彩京通数码快印有限公司印刷

◆ 开本：880×1230　1/32
　印张：7.25　　　　　　　　　　　2023 年 11 月第 1 版
　字数：150 千字　　　　　　　　　2025 年 1 月北京第 8 次印刷

定　价：59.80 元
读者服务热线：（010）81055656　印装质量热线：（010）81055316
反盗版热线：（010）81055315
广告经营许可证：京东市监广登字20170147号

在今年 3 月的全国两会上，"大兴调查研究之风"被写入了政府工作报告。之后不久，中共中央办公厅也印发了《关于在全党大兴调查研究的工作方案》，要求全党利用各种调研手段深入群众开展调研活动，解决实际问题。熟悉中共党史的人都知道，调查研究在我党历史上发挥过非常重要的作用，也是我党干部接触群众、了解群众疾苦、把握我国社会经济形势的重要工作方法之一。上一次"大兴调查研究之风"发生在 1941 年 8 月，当时正值抗日战争的艰苦时期，毛泽东同志为中共中央专门起草了《关于调查研究的决定》，指出系统周密的调查是政治决策的基础，倡导实事求是、理论与实际相结合的工作态度和作风，克服主观主义和形式主义的弊病。当时中央设置了调查研究局，组织各种调查团开展调研活动，编写调研教材，普及调研技能。

从学科角度来说，调查研究是社会学的看家本领。我从

1996 年考入中国人民大学社会学系时起，就接受了大量社会调查研究方法的训练。大学期间，我不但学习了高等数学、统计学、社会调查研究方法等众多课程，也参加了几个项目的实地调研实践。本科毕业后，我继续在中国人民大学攻读硕士研究生学位，师从当时正调到清华大学工作的恩师李强教授，做了不少调研项目。硕士毕业后，我又到美国斯坦福大学社会学系攻读博士学位。斯坦福大学社会学系的博士学习比较注重定量研究方法的训练，必须修完与社会学理论课程同等分量的四门定量分析课程。同时，出于对量化和统计模型的兴趣，我在读博期间又花了一年半的时间攻读斯坦福大学统计学系硕士学位。这些训练给我打下了较好地进行量化实证研究的基础。博士毕业后，我到大学做老师至今十余年，从事社会调查、社会统计学和大数据分析的相关教学工作，主持和参与国家级、省部级和企业委托的各类项目 20 多个，带领学生团队完成了一个个重要的研究报告，其中部分报告得到中央机关、政府部门和企业的高度评价。虽不敢称是调研方面的专家，但也算在调研工作和撰写调研报告方面具有比较丰富的经验。

回想起自己学生时代的调研经历，尽管过去了那么多年，其中的一些有趣场景至今仍然历历在目。我第一次正式参加社会调研是大学三年级时去山西阳泉，具体调研什么已经记不清了，只记得每天调研之余和同学一起生活的场景。到研究生阶段，其中一个项目好像是受团中央委托到河南确山某个小学评估"古诗文诵读"方面的成果，当我孤身到达那个小学门口时，只见一二十位小学生笔直地站成两排，夹道欢迎，给我敬礼和送花，让当时还只是硕士的我受宠若惊。另一个项目是当时水利部委托的"水资源补偿与恢复机制研究"。当时读硕士的我和一位博士师兄被安排到宁夏银川去调研水资源使用情况，一出银川火车站，就看到地方水利部门的同志打着"欢迎清华大学教授考察调研"的醒目横幅来接待我们，让当时还是学生的我们享受了一次"清华大学教授"的礼遇。我记得当时用的是问卷调查。我们做了随机抽样，抽中了一户离市区很远的农民家庭。我辗转了几次公交车还是到不了他家，最后我应该是坐着三轮车找到他家的。有没有完成最后的访问记不清了，我的脑海中只留下在一望无际、渺无人烟、植被稀疏的西北大地上坐着三轮车行驶的那种苍茫印记。

在这 20 多年的时间里，实证社会科学的流行方法和工具也发生了很大的变化。我的学习和学术工作经历就映射了这种变化。在中国人民大学读本科和硕士期间，我学会了使用 SPSS 和 SAS 这两个统计软件来做列联表分析、路径分析（path analysis）、简单的线性回归。在国外读博士和硕士期间，我又学会了使用 Stata、R、Pajek、UCINET 等统计软件做各种回归模型、事件史模型、时间序列分析和社会网络分析等。博士毕业后，我在工作期间发现计量经济学和管理学研究领域尤其注重因果推断，促使我将工具变量等方法应用到自己的研究中。如今随着大数据时代的到来，我又跟着尝试使用 Python 等软件来抓取数据，探索定量实证研究的新范式，将统计学习中的预测模型和传统的回归分析相结合。尽管我的学术训练和经历更多是基于定量的实证研究，但我认为基于观察和深入访谈的定性实证研究也同等重要。正像我们在本书中所讨论的，定性和定量调研方法各有各的优势及劣势，一个是"解剖麻雀式"力求细致入微地了解过程细节，一个是"望远镜式"试图找出趋势和关系，只有点面结合才能把事物和现象研究得全面而透彻。

　　本书是我和学生共同合作努力的成果，从内容酝酿到目录确定，到最后的撰写，都是我和学生团队经过多次讨论修改完成的。其间，出版社编辑也提出了不少很好的修改意见，我们都一并融入本书中。本书的定位不是严格意义上的学术著作，而是面向大众的科普类图书。因此，本书对调研、写报告的方法和程序介绍得多一些，对调研、写报告的原则与方法论涉及较少。

　　本书第 1 章至第 5 章主要讲述目标、计划制定，以及调研常用资料的收集和整理方法；第 6 章至第 8 章讲述调研报告的立意、基本结构，以及不同类型的调研报告如何撰写。第 1 章是导论，简要介绍了社会调研的历史、种类、程序和功能，以及调研报告的形式特点。第 2 章介绍了调研方案的具体规划和执行过程。第 3 章具体介绍了定性调研的一些常用方法。第 4 章具体介绍了定量调研的几种方法。第 5 章介绍了定性和定量调研结束之后的资料整理与分类过程。第 6 章介绍了调研报告的立意布局策略。第 7 章介绍了调研报告的基本结构和撰写方式。第 8 章介绍了不同类型调研报告的写作方式。因此，全书的内容基本是按照总—分的结构，从调研酝酿、计划、开展、资料加工到报告撰写的整个流程层层递进展开的。

本书的具体分工如下：第 1 章由我撰写，第 2 章由王安磊（硕士）撰写，第 3 章由黄慧（在读博士）撰写，第 4 章由赵青矣（在读博士）撰写，第 5 章由董寅茜（在读博士）撰写，第 6 章和第 7 章由孙枭雄（在站博士后）撰写，第 8 章由徐有彬（博士）撰写。除了撰写第 1 章以外，我对其他各章都做了修改或提出了修改意见，赵青矣帮助修改了第 2 章，王越（在站博士后）帮助修改了第 8 章。参与附录中三篇调研报告撰写的学生还有柳建坤（博士，目前为哈尔滨工程大学人文社会科学学院副教授）、张燊（在站博士后）、方一昕（在读硕士）、吕淑敏（硕士）。

扫码阅读附录

最后，我又在所有人员工作的基础上做了统稿工作。

参与撰写本书的学生基本都是我指导的社会学专业的博士后和研究生，他们过去几年都或多或少参与过或正在参与我主持的大大小小的调研项目，都有丰富的社会调查、定性和定量研究、撰写调研报告的经验。因此，在本书撰写过程中，我们也分享了过去调研过程的一些经验和案例，同时把自己过去所做的三篇调研报告（分别作为政府类、企业类和学术类调研报告的范例）作为附录供大家参考。这些报告都是我实际承担完成的调研项目的成果，得到过中央和政府部门、委托企业的肯定或赞扬。因此，本书也算是我和研究团队对过去多年调研工作的一个小小总结吧，感谢我的学生对本书做出的贡献！

调查研究既是一种研究方法，也是一种治学态度。我的恩师李强教授几十年如一日坚持做实证研究，至今仍然亲自入户调研。我的博士导师安德鲁·华尔德（Andrew Walder）教授于20世纪80年代在对我国内地到香港的80位居民经过累计232次、532小时访谈的基础上完成了他的博士论文。还有周雪光教授每年抽出时间到北方农村待上几个月，进行实地调研。导师们立足于实地调研的一手资料，以踏实、严谨的治学态度给我树立了终身学习的榜样，也始终鞭策我高标准、严要求地做好自己的调查研究和学术工作。

学海无涯，书山有路。我知道在调研和实证研究的道路上永无止境，但我始终会秉持脚踏实地、实证研究以求改良之策的初心而继续前行。期冀本书能为那些希望通过社会调研把握我国现实，并寻求社会问题解决之道的同行们提供一点帮助。因成书时间较短，书中难免有不足之处，如有纰漏，恳请读者朋友们批评指正。

何晓斌

2023 年 8 月 16 日

第 1 章

社会调研：认识和改良
中国社会的方法

我向来抱着一种宏愿，要把中国社会的各方面全调查一番，这个调查除了在学术上的趣味以外，还有实际功用。一则可以知道我国社会的好处，例如家庭生活种种事情，婚丧祭祀种种制度，凡是使人民全体生活良善之点，皆应保存；一则可以寻出吾国社会上种种，凡是使人民不得其所，或阻害人民发达之点，当讲求改良的方法。

——陶孟和　社会学家

社会调研，即社会调查研究，是通过有目的的直接观察、记录社会事实和现象，进而总结推断出有关社会现象基本特征和运行规律的一种科学研究方法和活动。它是一种有目的性地认识社会、探索社会现象本质规律的研究活动[1]，既包括记录、收集和整理资料的调查活动，也包括在这过程中对调研对象和社会现象的思考、总结和提升等研究过程。

社会调研是社会发展到一定阶段的客观产物。中国的社会调研有非常悠久的历史，几乎与中国文明的进程同步，最早可追溯到古代的结绳记事和各种有关人口、土地、物产、赋税等出于行政管理和决策需要的统计和调查。中国近代意义上的社会调查研究是从清末、民国初期开始的，民国时期的行政统计和社会调查丰富而多元，与当时的社会科学发展成熟紧密相关，相辅相成，同时也蕴含着社会改良的美好期望。中国共产党人在建党初期、土地革命时期、抗日战争时期、解放战争时期和新中国成立后都大量使用社会调查来了解当时的中国经济、政治和社会的真实面貌，极大地推动了中国的新民主主义革命事

1　社会调研包括社会调查和研究两部分。社会调查主要是记录和观察调查对象基本情况的活动，而在此基础上的思考、提炼、总结和升华则属于认识和研究活动。因此，社会调研包括的内容比社会调查更广、更丰富一些。但是，在社会调查过程中也离不开对现实社会的思考和认识过程，因此调查和研究这两个活动是密不可分的。在本书中，社会调研和社会调查基本是通用的。

业、社会主义革命和建设事业。改革开放以后，社会调查和统计工作的重要性更加凸显，成为党和国家政治决策过程的重要基础和联系群众的工作方法。特别是近 20 年来，学术机构主导的大规模社会调查大大丰富了当代中国社会研究的数据，推动了实证社会科学学科的发展和进步。

1.1 近现代社会调研简史

17 世纪至 19 世纪，社会调研在欧洲开始发展并大范围流行，一方面是国家行政管理和统计的需要，另一方面也与当时的自然科学和实证哲学的发展密切相关。其间，整个社会研究逐步从玄学、神学走向实证科学，出现了浓厚的实证研究的范式和取向。马克思、恩格斯的经典著作《资本论》《工人阶级的生活》等，都是在大量社会调研和生活观察的基础上写成的。19 世纪末至 20 世纪初，社会调研的方法和理念从欧美和日本传入中国。美国经济和社会学家蔡平（Stuart Chapin）于 1920 年出版的《实地调研和社会研究》（*Field Work and Social Research*）一书被认为是现代社会调研系统化、科学化的开端[1]。早在 1918

---

1 在这本书里，作者详细梳理了社会调研的程序、内容和技术等重要内容，也讨论了一些社会调研的方法和原则。他在本书中总结的一些关于文献研究、实地调研和问卷调查原则、方法和技术在今天仍然适用。

年，北京大学哲学系教授陶孟和就认识到系统了解中国社会整体情况并进行改造的重要性，他在《新青年》上发表了《社会调查》一文，倡导对中国百姓真实生活的调查，特别是对乡村社会和农民群体的调查，以促进乡村自治。此后，以陶孟和、许仕廉、李景汉为代表的早期社会学家在 20 世纪 20 年代掀起了一场旨在通过社会调查重新认识中国并开展社会实验和社会改良运动的高潮；以陶孟和的《北平生活费之分析》（1928）、许仕廉和杨开道等的《清河镇社会调查》（1930）、李景汉的《定县社会概况调查》（1933）、费孝通的《江村经济》（1938）等为代表的调研报告，加深了当时学术界对普通民众真实生活的认识，促进了当时的平民教育和乡村建设。这一时期的调查涉及主题众多，调查形式多样，形成了相当丰富的调研成果。

　　同时，早期的中国共产党人也通过社会调查了解中国社会各个阶层的生活状况、政治态度、阶级关系，并形成了一系列重要的调研报告，如毛泽东的《中国社会各阶级的分析》（1925）、《湖南农民运动考察报告》（1927）、《寻乌调查》（1930）、《兴国调查》（1930）、《长岗乡调查》（1933），对于指引当时的革命事业并获得成功发挥了至关重要的作用。1930 年5 月，毛泽东为了纠正当时工农红军中出现的教条主义思想，专门写了《调查工作》（即《反对本本主义》），第一次提出了"没有调查，没有发言权"的著名口号。1931 年 4 月，他又在《总政治部关于调查人口和土地状况的通知》中对第一次的口号做了补充："不做正确的调查同样没有发言权。"社会调研也逐步成为我党干部政治决策的基础工作方法之一。在抗日战争时期、解放战争时期，还有新中国成立后，以毛泽东为代表的党和国家领导人主导了大量的社会调查研究，在此基础上做出的对当时国内社会经济情况、阶级分化、国际关系形势的分析报告，都有力地推动了当时的新民主主义革命和社会主义现代化建设事业。

中国真正现代意义上的社会调查是在改革开放以后逐步建立和发展起来的。与19世纪末、20世纪初开始的传统的近代社会调查相比，现代社会调查呈现了广泛化、科学化、专业化、技术化的特征，出现了更多的专业机构、专业技术和人员来从事相关的调研工作。从社会科学研究方法论到抽样、问卷设计、访谈、实验等技术性手段都日趋成熟。20世纪中叶，计算机技术的发展又大大推进了社会调查方法和处理技术的突破，使社会调查过程开始数字化，显著提高了数据收集、整理和分析的效率，推动了社会科学量化研究的进程及社会科学研究范式的变革。而实证社会科学的发展又反过来推动了社会调查的开展和技术的应用，两者相互促进，相得益彰。

如今大数据时代来临，全球每天数以亿计的文本、图片、录音、视频等新数据形式通过计算机、手机、各种移动终端及设备被产生和保存，成为科研的重要素材和证据来源。这些大数据经过标准化、量化和可视化处理后，越来越多地被应用到政府决策、生活服务、精准营销、学术研究中。一些机器学习、仿真模拟等新的数据挖掘技术和模型方法越来越多地被应用到各行各业中，成为我们认识世界和改变生产生活的新手段，产生了显著的理论和应用价值。

1.2 社会调研的分类

社会调研都是某个主体为实现某些具体目标、找到解决问题的办法而开展的调查研究活动。由于调研的主体、目的不同，社会调研大体上可以分为以下三类。

（1）服务于政府政策制定和行政管理的政府类调研

这类调研的主体往往是政府部门或政府下属的智库、研究机构；目的是了解人民群众的收入、消费、购房、养老、教育、投资、负债、社会治理参与等基本情况和问题，了解社会群体对政府某些政策的态度、意见和看法，了解地方产业、企业、投资、创新等经济发展的基本情况和诸如产业升级中出现的困难等具体问题。政府类调研，特别是领导带队的调研，其目的往往在于初步了解某一方面的基本情况，为政策制定提供初步的思路和方向。这类调研往往采用实地走访、观察、座谈会等方式进行。例如，政府为了了解民营企业在创新方面的现状、碰到的问题和困难，往往会通过工商、税务、工商联等机构组织召集各行各业的民营企业家开座谈会，交流他们在资金投入、产品研发、工艺流程、人才招聘等过程中碰到的困难和问题，并询问他们对解决这些问题的想法和意见，再走访几家有代表性的民营企业进行深入了解。

（2）为了解客户需求或行业发展情况而开展的企业类调研

这类调研的主体往往是企业等商业主体或咨询公司、工商业协会等商业服务机构。这类调研旨在把握客户的需求偏好和行业现状，往往针对某一产品和市场的细分领域客户进行深入细致的了解，需要对客户的基本信息如年龄、性别、职业、教育水平等做出比较细致的描画，了解他们的产品需求和偏好的详细特征，以及客户特征和偏好随时间的变化趋势等。例如，使用智能手表的消费者的年龄、教育水平、职业类型、使用时间、手表类型、期待的功能，以及这些特征和使用偏好随时间而变化的情况，从而为产品研发、服务设计或营销策略提供依据。除了市场和行业调研，企业类调研也包括通过考察企业研发、生产、经营决策和对外公关的具体过程，总结分析企业生产经营过程中的经验做法、存在的问题，进而提出改进企业生产经营绩效和对外关系的咨询建议的调研活动。

（3）为剖析社会现象或困惑、探索社会问题背后的原因和机制的学术类调研

这类调研的主体往往是大学、科研院所等。这类调研需要长期观察记录某一社会群体的想法、行为方式，以及地方的政治、经济、文化等方面的特征，需要检验所关心的几个变量之间的关系，探索解答某个理论和经验困惑背后的原因及内在机制。例如，为什么年轻人不愿去制造业工作，使用手机的频率是否影响大众对青少年的教育期望，智能手表能否显著改善使用者的健康状况，这些话题和社会分层与流动、技术社会学、教育社会学及健康社会学的理论旨趣相关。

当然，提供中国经济社会基本状况的研究和分析报告也可以成为重要的学术参考资料。例如，中国社会科学院自 1993 年开始每年都会发布的《中国社会形势分析与预测》（又称"社会蓝皮书"），提供基于社会调查的一些问题如居民收入、消费、劳动就业、教育事业、贫困现象等基本情况的描述、分析和预测，对于相关的学术研究也具有重要的参考价值。

从学术研究的角度而言，研究的目的可以分为探索性、描述性和解释性三种。相应的，笔者认为，基于社会调查的研究也可以分为三类。

（1）探索性调研

这种调研的目的在于初步了解某一社会现象或社会问题的

基本表现，分析造成某一问题的初步原因。例如，探讨大学生的心理健康问题，可以从文献中寻找答案，可以咨询心理健康问题专家。当然，要想更直接地探索大学生心理健康问题的真实原因可以对大学生群体进行小范围的深入访谈和观察，了解他们的学习、生活和家庭状况，询问他们的心理状态是内驱力不足下的心理迷茫，还是外在压力下导致的心理健康问题，然后进行总结分析。

（2）描述性调研

这类调研的目的是基于社会调查对感兴趣的社会群体或社会现象的现状做翔实、细致的描述，并做出一定的分析。例如，对于某城市制造业从业者的性别组成、家庭背景、户籍、地区分布、价值观念及生活方式等做出比较详细的描述。这就需要通过比较全面、详细的社会调查和结构式访问等方式获得这个群体的相关信息，然后进行一定的统计分析。

探索性调研和描述性调研往往处于研究的前期阶段，是深入了解和调研其他问题的基础。但政府和企业类调研只需搞清楚基本情况，做出简单分析并提出相应对策即可，而学术类调研则需要更加深入探索社会现象背后的关系或原因。

（3）解释性调研

解释性调研的目的是探索某一社会现象背后普遍化的原因，并通过调研数据或实验方法来分析和验证，确立所谓真正的因果关系（causal relationship）。学术类调研很多都抱有这个目的，也就是对某一社会现象的结果做出比较严格的因果推论和解释。例如，找到造成大学生心理健康问题的主要原因，学习方面可能有考研的压力，家庭方面可能有家庭贫困、家庭变故（父母离婚、去世等），自身方面可能有基因、身体健康、恋爱和其他人际关系等。但要搞清楚具体哪些原因是造成当前大学生心理健康问题的最重要因素，就需要做出严格的研究设计，通过严格的行为实验或调查数据多方验证这些影响因素是否真实存在，以及各个影响因素在一定时期内的影响程度。从理想状况来说，能找到导致某一社会现象的终极原因为我们的政策和制度设计提供了重要的参考和方向。如果造成大学生心理健康问题的主要原因是学习和考研压力，那么学校就需要出台学习资源提供、学习辅导和考研引导等相关措施；如果心理健康问题更多与家庭困难和变故相关，那么学校工作的重点就在于提供经济补助、奖学金和心理辅导等举措；如果造成心理健康问题的主要原因是大学生的恋爱、舍友等社会关系处理困难，那么学校就需要更多提供情感、社交关系处理的相关课程、咨询或培训服务。

总之，不管哪一类调研，都需要有比较明确的调研目标，确定调研的主要任务或需要解决什么问题，实现什么目的。因为调研目标的确立直接影响到后面的组织、预算和执行过程。很多政府类调研往往可以通过政府本身的行政系统资源安排调研，调研对象往往由下属单位协调和安排好，采用实地走访观察、座谈会、入户访谈等方式了解基本情况，也收集调研对象提出的一些问题，讨论解决这些问题的可行办法，从而为政府决策提供可行的意见和建议。这种调研报告往往由政府的政策研究室或下属研究机构来完成。企业类调研的目标就是为客户收集详细的国内外市场行情、行业发展信息、消费者行为和观念动态变化等详细信息。这类调研报告特别注重"用数据说话"，所以需要整合和分析各种来源的数据信息，为委托客户的企业或营销战略决策提供方向。对于学术研究而言，明确的目标最好是有具体的研究假设，这样在收集数据和撰写报告时会更有针对性。当然，在获得这些假设前需要做现有文献研究以获得一些先验知识。

1.3　社会调研的基本程序

如前所述，不同类型的调研服务于不同的调研目的。但不管哪一类调研，都是逐步确立调研目标和问题，明确调研范围和对象，并最终提出解决方案或方向的不断探索的过程。

（1）明确调研目标

调研目标就像靶子，后面所有工作都是围绕这个靶子开展的。总体来说，调研目标和对象越明确，那么调研工作越容易计划和执行，相应的成果也越有针对性和可行性。因此，每次调研的目标和对象都需要相对明确，这是一个根据调研者实际情况和调研资源而逐步聚焦的过程。例如，"当前大学生的心理健康问题"就是一个非常大的研究题目，需要大量的精力和充足的科研经费才能把这个问题研究透。而某省市大学生的心理健康问题就是一个相对聚焦的题目。当然，这里需要明确心理健康问题具体包括哪些。因此，从严格意义上的学术研究而言，要有对研究对象和问题的相对明确把握才能更好地执行研究过程；而过于宽泛和宏大的研究议题意味着要么需要花费大量的调研成本才能完成，要么只有通过逐步细化分解为一个个子课题才有逐步完成的可能。例如，笔者最近完成的一个有关数字化如何助力中小学五育并举的调研项目，就从一开始确立了比较明确的调研目标、地点、内容和完成时间，还有成果的展现方式，同时获得了调研企业和地方教育部门的大力支持。作为一个企业委托的项目，调研目标、地点、内容、时间和发布形式都是经过多次讨论才确定的。本项目把调研目标确定为厘清数字化如何助力中小学五育并举的模式。一旦确定这个目标，后面的调研计划、过程和报告都围绕这个目标进行，最后也基本在计划规定的时间内完成。调研报告通过报告解读和圆桌学术论坛的方式对外公布，获得了广泛的社会关注和社会影响。

（2）做好调研计划

调研计划的核心是明确五个 W 和一个 H，也就是为何调研（Why）、调研谁（Whom）、何时调研（When）、调研什么（What）、何处调研（Where）及如何调研（How）。这个计划过程并不是完全理性或线性发展的，而是由调研者本身的专业背景、兴趣技能、掌握资源、财务预算及委托机构的要求等综合因素决定的结果。在美国经济和社会学家蔡平（Stuart Chapin）看来，社会科学的研究日程和安排相当于天文学的望远镜、生物学的显微镜。计划和安排是理性科学开展社会科学研究的重要工具，其目的就是要减少调研过程中的随意性和主观投入，而更多依赖于对客观事实的观察和记录。调研计划的撰写过程中也需要尝试与潜在调研对象协调沟通，直至最终确定调研方案。调研计划始终要围绕调研目标展开，尽量做到细致合理；能够提前准备的工作，如联系调研对象，就尽量提前准备好。这样可以减少调研的时间和资金成本，也有助于调研目标的达成。

（3）文献资料和前期准备

确定调研对象和问题之后，并不意味着马上可以开展实地考察或收集一手资料的工作了。在开展正式实地调研之前，前期的准备工作必不可少。首先是文献资料研究，调研者需要对调研点和对象的现有文档资料进行详细阅读和整理，以提前了解调研点如地理位置、行政规划、人口资料、经济、社会、生态、文化等基本现状和发展情况。这些资料包括统计年鉴中的数据、地方志，以及对调研点和对象的已有研究报告、论文和媒体报道等。目前的大型中英文文献数据库、电子图书馆、搜索引擎为查找文献提供了极大的方便，还有电子地图、通信工具、视频、自媒体也大大方便了调研者对调研点和对象基本情况的了解。对于有些问题，别人的成果可能已经相当丰富，就没有必要重复调研一遍。在充分研究文献和前期准备的基础上确定的调研问题可以使自己的调研更有新意，更加深入，更有针对性。例如，调研大学生的心理健康问题，可以通过分析一些权威的新闻报道或高质量的二手数据，如中国综合社会调查（Chinese General Social Survey，CGSS）、中国家庭金融调查（China Household Finance Survey，CHFS），来初步了解大学生心理健康问题的现状和可能原因。

除了参阅相关文献资料，还有大量的行政事务工作需要提前准备，联系确认调研点、调研对象、地方接待机构和人员、交通住宿等具体问题。这部分行政工作往往需要指定至少一名工作人员来完成。因此，大规模的社会调研都需要统筹规划、团队作业、合理分工，才能很好地完成。

（4）开展实地调研

在这个过程中，调研者需要使用定性和定量研究的各种方法观察和接触调研对象，收集有关调研对象的数据、行为、态度、观念和想法的具体信息。如果可能，适当采集调研对象的一些视频、音频资料以备调研结束后的回忆整理。

实地调研是整个调研过程的核心。在这个过程中，调研者需要每天总结整理调研资料，比对调研计划的进程，思考获得的资料是否能够回答调研的问题。在调研过程中，有必要适当调整调研计划，包括缩小或扩展调研的问题，增补调研对象。为了获得更真实的社会事实或发现社会问题，调研者可以在原来安排的调研基础上适当增加随机调研的部分，到街头进行随机访谈，可以通过坐出租车、到商场等场所随机访谈一些城镇居民或流动人口，向他们了解当地的民生状况和对社会问题的看法等。这种调研不失为一种对正式调研计划的有益补充，也能从侧面印证从正式渠道调研而获得的一些信息。对于调研过程中产生的新问题，调研者应尽量通过在调研点的便利条件获得澄清和信息补充。在调研过程中，调研者也要遵守研究的伦理规范，保护调研对象的隐私，同时也要注意自己的人身和出行安全。

（5）整理和分析资料

在数字化时代，有不少工具可以帮助转录、整理视频和音频资料，帮助提取文本资料的主题、录入数据、识别错误数据等。在整理资料和分析数据变得越来越专业的情况下，调研者可以通过第三方处理分析数据的专业公司或研究机构来协助完成数据处理和资料分析的工作。同时，这个阶段也需要更多地阅读相关文献，来帮助理解和分析资料展现的内容及数据分析的结果。

（6）撰写调研报告

不同类型的调研服务于不同的调研目标，在完成实地调研和资料收集的核心任务之外，一般都是以专题报告的形式呈现给上级领导或同行。

政府类调研报告基本可以按照是什么、为什么、怎么办的模式来整理和撰写。首先，是什么主要呈现调研对象的基本情况。例如，通过调研了解有心理健康问题的大学生群体的年龄分布、年级分布、学习状况、家庭背景等，以把握有心理健康问题的大学生的基本情况。然后，总结导致大学生心理健康问题的主要原因，探讨为什么的问题，也就是造成某现象的原因。最后是怎么办，即根据调研分析和发现的问题提出有针对性的措施及建议。例如，在分析导致大学生心理健康问题的主要原因之后提出相应的有针对性的政策建议，包括如何引导大学生正确对待学习成绩、情感及社交难题，提供大学生应对生活困难的资源等。

调研报告完成之后，可以通过上报给政府相关部门、召开专家研讨会、邀请媒体等渠道对外发布，呈现实地调研的核心发现和对政府、行业或学术界的启发和贡献。

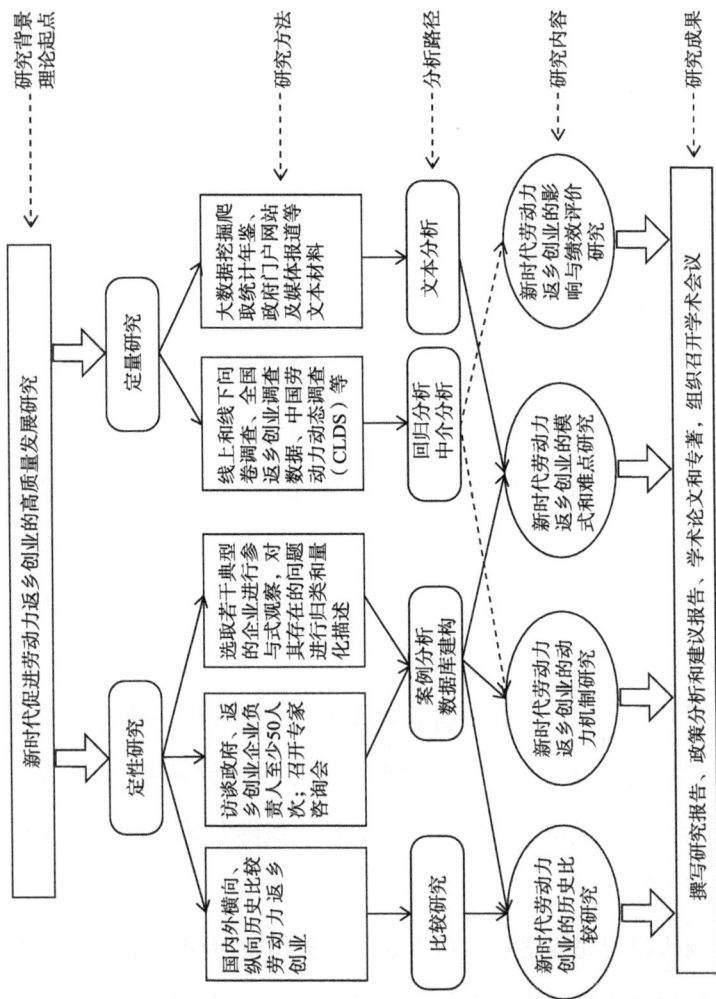

图 1-1　学术类调研的基本流程示例

　　图 1-1 是笔者主持的正在执行的国家社会科学基金重大项目——新时代促进劳动力返乡创业的高质量发展研究。这个调研计划和执行路线图就几乎呈现了整个学术研究和学术类调研的全过程。从学术研究的调研计划来看，整个研究计划包括研究背景、研究方法、分析路径、研究内容及研究成果的展现。研究方法整合了定性研究和定量研究的方法。定性研究包含三个方面：第一，基于文献资料的对国内外劳动力返乡创业的国内外横向、纵向历史比较研究；第二，对政府、返乡创业企业负责人的访谈；第三，对个别典型返乡创业案例的参与式观察。定量研究包括线上和线下相结合的问卷调查、现有返乡创业相关数据库分析、政府部门官网和新闻报道文本的大数据分析等。由于这个研究涉及的议题比较大，因此整个研究细分为几个子课题来进行，如新时代劳动力创业的历史比较研究、新时代劳动力返乡创业的动力机制研究、新时代劳动力返乡创业的模式和难点研究、新时代劳动力返乡创业的影响和绩效评价研究等。最后，整个研究成果的呈现形式包括研究报告、政策专报、学术论文和专著、学术会议等。

1.4　社会调研的基本方法

　　当调研有了计划并确定时间、地点和对象之后，接下来如何开展呢？这就涉及调研方法的问题。调研的基本方法大致可以分为定性调研和定量调研两大类。定性调研往往聚焦于某部分群体或个案，关注这些调研对象的细节和过程，或研究现象的内在机制，关注从个案的特殊性和具体情境中获得的启发；而定量调研往往更多关注调研对象或现象的描述性统计特征、趋势变化，关注现象和事物的全貌。

定性调研往往适用于研究问题还不是特别明确，研究方向不清晰的开放性探索，侧重于挖掘研究现象的过程、机制，以及社会群体的动机、行为、态度等不易直接观察到的行为。因此，定性调研往往适用于研究新现象、新理论，适用于回答为什么的问题。定性调研往往会以代入、沉浸的方式去感受调研对象的所思所想，体验和洞察微观被研究群体和行为的内在动机及复杂心态，进而还原社会现实和社会现象的多元性、复杂性及相互影响。定性调研需要调研者置身于调研对象的具体情境之中，甚至可以把自己作为调研对象和方法来研究社会变迁的过程和机制。因此，典型的定性调研需要通过参与式观察和一对一访谈深入理解受访者的行为和动机，理解社会文化现象的过程、机制和原因。按照著名社会学和人类学家费孝通先生的说法，这是一种"解剖麻雀式"的方法。因此，定性调研的优势在于深入细致、过程化和情境化的刻画，有助于构建社会现象的多维和复杂图景。但定性调研的弱势在于研究的个案特点、情境化特点常常影响了其普适性和代表性，也就是说对具体案例的分析和研究结果能否推断到个案所代表的整个社会群体上常常受到质疑。因此，现在的定性调研也需要不同背景和特点的多个案例来做比较研究，以增强其代表性和说服力。

定量调研往往适用于调研对象和问题比较明确，对问题有初步答案的预设性、假设性研究探索，适合于检验或拓展比较成熟的理论。因此，定量调研往往适合研究两个变量（现象）之间的关系，回答是什么、怎么样的问题。例如，大学生心理健康问题，由于这不是一个全新的话题，对这个问题已经有心理学、社会学等学科的相关研究，已经初步发现大学生心理健康问题往往与学习情况、家庭背景、情感状态等有关，因此问卷调查的设计就可以从这些问题着手。然后在此基础上再调研现代大学生心理健康问题的一些新现象和原因。例如，当下大学生面对就业选择时的迷茫，城市的高房价等对大学生心理健康的影响，就成为本次调研的重点内容。从研究方法上看，定量调研更多和问卷调查、实验测量、统计数据分析等方法联系在一起。定量调研的特点是去情境化，尽量保持客观中立，能够摆脱调研对象的特殊背景而找到现象之间的普遍联系。定量调研往往采用基于随机抽样的大规模抽样调查，常用手段就是问卷调查。因为随机抽样调查的代表性较强，有助于对研究总体做出有效的推断，使结论具有更强的普适性和说服力。但这种方法如果涉及大规模的抽样调查，就会使收集数据的成本很高，没有充足的研究经费和人力物力无法实现。在数据量丰富且有多年跟踪面板数据的基础上，目前社会科学的计量方法，特别是计量经济学在利用定量资料做因果推断方面已经取得了显著的进展，也能很大程度上回答为什么的问题。而实验方法是建立因果关系的黄金手段，就是因为严谨的实验设计能够有效控制主要关注自变量 X（如"双减"政策）之外的其他因素对感兴趣的研究对象因变量 Y（课外补习班花费）的影响，从而评估核心自变量对因变量的影响到底是否存在，以及影响程度如何。但是，社会实验执行起来由于受到实验伦理和社会环境多重因素的影响，也很难完全按照严格自然科学实验设计的程序和要求来操作执行，在实际操作过程中更多是准实验设计，也就是尽量控制实验组和控制组除核心自变量之外的其他环境因素对实验过程的干扰。

对定性和定量调研方法的特点和优劣势的比较如表 1-1 所示。

表 1-1　定性调研和定量调研的比较[1]

	定性调研	定量调研
适用的现象、理论	新现象、新问题、新理论	熟知的现象、成熟理论

---

[1] 本表中的部分内容来自美国亚利桑那州立大学管理学院徐淑英（Tsui, Anne S.）教授的一次讲座。

（续表）

	定性调研	定量调研
调研目标	过程、机制等	特征、趋势等
调研方法	访谈法、座谈法、文本史料分析等	调查法、实验法、二手资料分析（含文本、音频、视频等大数据）等
情境化特点	身处情境	脱离情境
因果推断	多个因素同时影响一个结果，或者相互影响	一个或少数几个因素与结果变量之间的关系
优势	对过程机制的深入探讨	有代表性样本，可做统计推断
劣势	代表性、普适性受限	过程机制比较模糊、简单化

不管是定性调研，还是定量调研，其目的都是更好地认识和理解调研对象，发现问题，从而更好地解决问题。而且，两种调研方法各有所长，适用于不同的研究阶段和情境。正像费孝通先生所总结的："'解剖麻雀式'的定性分析是社会调查研究的基本方法，这一点不能含糊。但是只用这个方法是不够全面的，要规定这个'麻雀'在全部'麻雀'中占什么地位，即有多大代表性，那就得进行定量分析。而定量分析就需要一套不同于定性分析的方法和技术。"当下研究的一个趋势正是结合定性和定量研究的各自优势开展混合设计。因此，在条件允许的情况下，调研者可以采取定性和定量调研相结合的方式开展调查工作，从而全面深入地理解所研究的对象和问题。随着计

算机、互联网、手机等信息科技的飞速发展，现在的社会调研也越来越多地采用数字化和科技化的手段，采用线上问卷调查、实验、远程访谈、远程座谈，以及线上和线下相结合的方式开展定性和定量研究。

1.4.1 定性研究的常用方法

（1）观察法

观察法就是到调研点，通过观察调研对象的生活习惯、举止礼仪、行为态度等细节内容，推断当地的风土人情、制度文化及群体行为特点等相关话题。这类方法在学术类调研中应用较多，特别像人类学这种高度依赖实地调研和观察的学科，需要长时间地与调研对象生活在一起进行深度体验和洞察。

（2）访谈法

这是社会调研中使用频率很高的一种方法，就是找到访谈对象，围绕调研主题询问访谈对象一定时间内生活、工作、家庭等基本情况，或者围绕某个主题如养老、医疗、教育等领域的情况进行深入了解。这种方法表面看起来类似于聊天，但其实是紧紧围绕调研主题，尽量在访谈过程中捕捉到有助于解答研究问题的一些重要信息。访谈法的优势是可以深度追问对某种现象的微观发生过程，以及多个方面来把握受访者的真实想法。访谈法往往采取一对一的面谈方式，因为这样可以更快速地建立信任，减少其他人在场对访谈过程造成的干扰，从而影响真实信息的获得。

（3）座谈法

座谈往往是以正式或非正式的方法召集相关的调研对象或政府部门人员针对某个主题展开讨论，因此往往是一个调研团队针对几个、十几个甚至几十个人一起开会讨论某个主题。不过，召集人数越多，就越没法让每个参会者畅所欲言。这种方法的优势是比较高效，研究议题能够在一定的时间内获得很多人的讨论和意见反馈。不过，这种座谈需要提前组织和召集参会人员，其代表性和随机性无法保证，只能代表一部分人的意见。座谈过程中往往需要一个主持人来把握整个会议的流程，在规定的时间内完成会议流程，尽量让参会者在发表观点的同时又能紧紧围绕座谈会主题展开讨论，获得有效信息。

1.4.2　定量研究的常用方法

（1）调查研究法—问卷调查法

调查研究法具有悠久的历史，应该说已经成为全世界的政府、学术界、企业等各种组织常用的研究方法之一。我国的社会调查自从改革开放以来发展迅速，政府和学术机构的调查项目逐步增多，并形成了一部分长期纵贯调查，大大促进了对我国社会现实和社会变迁的了解和认知。这种社会调查系统询问调查对象现在和过去的行为、思想、态度、价值观等。而问卷调查法是目前调查研究法中比较常用的方法，它通过一系列提前设计好选项的问题（又叫题器）或量表，可以快速获取调研对象的行为特征、态度看法等信息。由于问卷调查法的提问大部分都是提前设计好的选项，其优势在于高度的标准化和结构化，非常有助于问卷调查完之后的量化统计分析。问卷调查法的劣势在于难以对某个问题进行聚焦和追问，所以调研问题基本都是表面和外在特征的把握，而对调研对象的内在动机、心理过程及现象的来龙去脉往往难以勾勒和深入刻画。但是，好的问卷调查设计，比如一些成熟量表的使用也能很大程度上提高测量的有效性。我国一些高校和科研机构主导的多年社会调查已经为测量某些重要概念，如社会资本、社会信任、相对剥夺感等积累了比较丰富的经验，成为其他社会调查研究和测量的重要参考。

（2）实验法

实验法是社会科学中确立因果关系的重要方法之一。经过严格设计和控制的实验法可以干净地排除除了主要核心自变量的其他自变量对因变量的影响。实验法需要确定实验组和控制组。实验组是在实验过程中施加了某个影响的那个群体，而控制组是与实验组特征类似但没有施加同一影响的一个群体。如果实验后结果变量发生了显著变化，说明被施加的这个影响对结果变量有显著的因果作用。实验法常见于心理学等主要专注于微观个体行为和心理特征的学科。最近十几年来，经济学、金融学的行为研究也大量采用实验法来设计研究过程。而政府和企业类调研很少使用实验法来开展研究，因为实验法需要在前测和后测之间留出一定的时间，使实验组被施加的影响有充分的时间发挥作用。而政府和企业类调研的时效性要求较高，往往没有时间留出来等待被检验的效应对实验组产生影响。

（3）二手资料统计方法

二手资料主要指有关调研对象和地点的官方统计资料、地方志，还有杂志和互联网媒体上的各种新闻报道，以及数字化时代的公众号、视频号等自媒体。数字化时代的多元化资料都是了解地方经济社会发展、人文地貌和风土人情的重要信息来源。一些大型数据库的建立，包括研究文献数据库、报纸期刊数据库、法律文书网等公开资料，都为目前的信息检索和数据分析提供了极大的方便。通过分析和整理这些数据资料，可以分析和了解调研对象和地点的专题信息，如社会治理现状、企业发展和地方投资状况，这些都从某一维度丰富了调研者对调研对象和地点的认知。

（4）大数据研究方法

随着移动互联网的快速发展，人类的生产和生活越来越依赖各种电子设备，越来越数字化，吃、穿、住、行、娱等基本需求都可以通过手机等设备来满足。这些使用行为产生了大量的文本、音频、视频形式的数据，成为社会科学研究新的数据来源。同时，一些研究者通过线上调查或实验的方法可以更高效地收集数据，一些结合文本分析、社会网络分析、仿真模拟的手段和机器学习的技术也被应用于学术研究，正在逐渐形成基于大数据来源的新研究范式。

值得一提的是，在一个调研过程中往往会使用以上定性和定量调研方法中的一种或多种。用多种方法收集调研对象的丰富资料，了解调研对象的全面情况，分析解剖研究问题，从而有助于提出解决问题和改善工作的可行对策。

1.5 高质量调研报告的特点

调研最后的呈现方式往往是政府咨询报告、学术论文或专著、行业研究报告等形式。高质量的调研报告往往形式规范、主题聚焦、数据翔实、论证充分，力求发现新问题、解决新问题，并有一定的前瞻性。理想的学术研究报告需要有显著的理论价值，能够提出新的理论概念和框架，往往采用探索性、解释性的方式呈现研究内容和发现。还有一些学术类报告由于涉及的问题和现象比较新颖，对社会问题或现象基本情况进行描述性的研究和刻画，就能为政策和学术研究带来重要参考价值。而应用型的企业类调研则需要细致、翔实的数据分析和综合，点面结合地剖析市场、行业和客户群体的具体情况，以描述性和分析性的呈现方式比较常见。不管是哪一类调研报告和呈现方式，高质量的调研报告往往具备以下特点。

（1）结构完整，形式规范

高质量的调研报告需要以完整的结构和规范的形式来呈现。一般调研报告需要包括首页、摘要、目录、引言、正文、参考文献和附录等内容。首页一般只呈现题目、报告撰写人或机构、报告完成时间、联系方式等信息。摘要一般是篇幅较长的报告需要提供，概述调研的背景、时间、调研过程、主要发现和建议或展望等。篇幅很短、专门递交给上级部门和领导的3000～5000字的专报，则不一定包括摘要。目录也是如此，篇幅较长的报告需要呈现整个报告的发现要点，包含一级至三级标题。这对于快速读取报告的核心内容非常重要，但篇幅较短的报告则没必要提供目录。调研报告的标题需要直面主题，一般会以"关于××问题的研究报告""关于××的政策建议""关于××问题的分析"等形式出现。引言简单介绍调研背景、过程和方法等。正文根据不同报告类型呈现方式有所不同，需要分出一级标题、二级标题、三级标题等结构。学术类调研报告可能会涉及一些研究问题和学者观点的引用，往往会有大量的参考文献，这些引用和参考文献的呈现形式需要保持一致。政府和企业类调研报告一般不探讨学术理论问题，而是描述现状并进行探索性分析，因此不用列参考文献。附录可以包括对调研情况的补充说明，如调研点和调研对象的基本情况、调研团队的介绍等内容。整个报告除了字体、文字、数字、符号等格式保持统一、规范及美观之外，如果正文中出现表格和图表等内容，则需要检查表格和图表的序号、题目、数据来源、图例等核心要素是否完整且清晰。总之，调研报告的形式和结构就像人的衣装，是留给读者的第一印象，也能从侧面反映调研团队的工作态度和专业精神。

（2）资料翔实，数据新颖

高质量的调研报告都会呈现翔实的数据资料，重要的结论需要关键数据支撑，而且一般都要呈现最近三年或五年的基本数据，如最近收入、GDP、企业数量、固定资产投资、学校、医院、文化活动的基本数据。加上调研过程中收集的重要数据，都是撰写报告的基本资料。如果把撰写报告比作做菜，那么翔实的资料和最新的数据就是肉、鱼、蛋、蔬菜等基本材料，和辣椒、盐、糖、酱油等调味品，只有材料充足且新鲜，才能做出上等美味来，否则就是"巧妇难为无米之炊"。

政府类调研报告往往需要有针对新近问题的鲜明结论和针对性的政策建议，不宜过多堆砌数据或信息碎片化。因为政府类调研报告通常会关注中观和宏观层面的现象或动态，而且往往是新问题。企业类调研报告比较看重翔实数据的呈现，更多使用图表展示新近市场的现状、问题和趋势，同时预测未来市场和行业发展的趋势。学术类调研报告一般需要和现有文献中的研究问题或某个理论做一定程度的对话，能够支撑观点的论证性资料很重要，但对数据的新颖性不那么苛求，关键是数据能否验证所关注的问题。

（3）直面问题，针对性强

高质量的调研报告需要紧紧围绕研究问题和目标去撰写，针对调研问题层层展开，由浅入深。很多政府和企业类调研报告往往是先呈现主要结论，然后通过调研资料或数据验证和支撑结论。这主要是为了给决策者节省阅读的时间，让其在比较短的时间内获得最有价值的信息。例如，2022 年笔者带领团队完成的《欠发达县域数字化就业价值研究报告》就在 3 个月的时间里通过政府座谈、实地访谈、问卷调查等手段收集资料，得出了阿里巴巴的数字化项目提升欠发达县域就业的 3 个过程、4 大价值和 3 个模式（详见第 7 章和附录）。而这些结论一般用较大字体或粗体标出，使读者能够快速读取这些核心信息。然后，结论下面由一些经验和案例资料来支撑。这和一般的学术论文的写作是倒过来的。学术论文的写作往往把结论写在后面，

而经验证据写在前面，是一种归纳法。对于调研报告中的一级、二级等标题需要反复琢磨，仔细修改，因为这些标题会成为读者重点阅读的内容。因此，标题呈现应该一目了然，体系化且符合逻辑。

（4）简明扼要，逻辑严谨

在信息化时代，人们需要能够在短时间内快速获得重要信息，实现良好的沟通。因此，调研报告的语言应该简洁扼要，尤其政府和企业类调研报告应该避免使用晦涩、生僻的专业用语，以便于读者理解。整个调研报告需要严谨的逻辑推理，合理的论证结构，使结论和资料之间能够紧密契合，才能使调研结论和对策建议经得起时间的考验。

1.6　本章回顾

作为行政统计和居民生活情况资料收集和记录的重要方法，社会调研已经具有几百多年的历史了。它于清末、民国初期传入我国，在建党初期、抗日战争时期、解放战争时期和建国时期，对于呈现当时我国社会的真实面貌、推动我国的新民主主义和社会主义革命及建设都发挥了重要的作用。

改革开放以后，社会调研更是取得了显著的进展，在公开渠道都能获得大量政府公布的反映我国经济社会发展基本情况的统计数据，还有学术机构公开的反映我国居民家庭社会经济状况的综合性社会调研数据。这些都成为研究我国社会经济具体问题的重要二手资料。而调研者自我主导的社会调研需要有计划、有目的地针对调研对象和地点直接观察、记录和测量社会真实状况，获得一手资料并进行分析。这些调研可以分为政府类、企业类和学术类三类，调研的目的可以分为探索性、描述性和解释性三种。

高质量的调研都要做出良好的计划，执行一定的程序，采用一定的方法，围绕具体目标展开。具体的调研方法可以分为定性调研和定量调研。定性调研方法包括观察法、访谈法、座谈法等。定量调研方法包括问卷调查法、实验法、二手统计资料和大数据分析等。数据资料收集完之后需要结合调研目标进行整理分析，围绕调研的问题，按照一定的形式撰写调研报告。高质量的调研报告往往具备结构完整、形式规范、资料翔实、数据新颖、逻辑严谨、直面问题、简明扼要等特征。

第 2 章

立主题，定重点：
调研准备和计划的制定

（调研）计划是用于对复杂社会现象观察记录客观化、对不同观察者结果标准化的一种机械化工具（The schedule is a mechanical device designed to objectify the recording of observations of complicated social phenomena, and to standardize the returns made by different observers）。

　　　　　　　　　　——蔡平（Stuart Chapin） 美国经济和社会学家

　　好的社会调研不是必须经过专业训练的人才能完成。在日常生活中，我们也经常会做同样的事情。试想，如果我们要为家庭购置一辆汽车，就需要为了实现特定的驾乘体验去收集和分析信息，并比较各种选择，最终做出决定。其实，这就是一种调研。不同的是科学的调研需要比较详细周密的计划，要提前制定好调研方案，安排好调研过程等。本章将介绍调研工作的一些前期准备活动，包括制定调研计划、确定调研对象及明确调研内容。

2.1　明目标，出方案：制定调研计划

　　调研的目的可以有很多种。在设计调研方案之前，需要明确调研的目的，根据不同的目的制定相应的调研计划。

　　政府机构进行调研，可能出于制定有效政策、解决某类现实问题等目标。例如，了解社会对某些政策和规划的反馈意见，更好地制定政策和规划；了解人们对政府政策和行为的看法，监督与评估自身政策和行为的有效性及成果；了解社会对某些问题的需求和挑战，探讨解决方案，以促进社会进步和创新；了解人们对政府工作的看法，以便改善自身形象和声誉，提高公信力和影响力。总而言之，政府机构主导的调研是现代国家改进政治决策、维护政治稳定、提高政府治理能力的重要手段

之一。

企业等市场主体进行调研，可能出于改善市场地位、提升企业知名度等商业目标。例如，了解消费者对其产品和服务的需求及看法，以便更好地提高产品和服务的质量及竞争力；了解消费者对其产品和服务的反馈及评价，发现产品和服务的不足，以便及时做出改进和优化，提高产品质量和服务满意度；了解竞争对手的营销策略和产品定位，以便制定自身更有效的营销策略和产品定位，提高自身的竞争力和市场地位；了解消费者对其品牌形象的评价，进而优化品牌形象和宣传策略，提高品牌知名度等。

学术研究机构进行调研，可能出于揭示某类现象的运行情况、逻辑或原因等目标。例如，了解社会对某些问题的看法和需求，为学术研究提供数据和素材，促进学术研究的发展和进步；了解社会对某些问题的关注和需求，帮助研究人员制定更具针对性和有效性的研究计划，提高研究效率和成果质量；了解社会对研究成果的反馈和评价，帮助研究人员评估其研究成果的质量，以进一步提高研究成果的影响力；了解社会对某些问题的需求和挑战，为社会和公众提供有价值的研究和解决方案，促进社会和公众的发展与进步。而且，学术研究机构的调研往往带有明确的学术导向，用于回答目前学术研究中的困惑或重要的问题，这些研究问题可以通过学术导向的调研得到实证的检验，从而推动某些理论的改进和完善。

2.1.1　了解渠道：可以从哪里获得资料

调研是一种观察和记录研究对象基本情况，收集和分析社会群体意见、态度及行为的方法。在调研之前，需要对调研对象和调研点开展信息和资料收集的准备工作。而不同的获取渠道可以提供形式多样的资料和信息，帮助我们提前了解和把握调研主题。不同的资料获得方式意味着不同的数据形式、数据质量和获取成本，我们需要根据研究的主题和预算来计划合适的资料获取渠道。

在数字化时代，使用多种信息渠道可以大大增加资料的丰富程度。例如，在线调查平台和社交媒体可以帮助我们更快地收集数据，而公共数据库可以提供权威的数据来源。对于学术类调研而言，我们不仅需要收集数据资料，还要收集那些研究同一话题的中英文文献。这不仅有助于我们把握当前某项研究的进展，还能让我们进一步明确研究问题，有的放矢地加以推进，弥补现有认识的不足，而非简单重复。

不同的渠道会影响数据的质量。例如，专业调查公司的调查问卷通常更加标准化和规范化，从而提高数据的质量；而在线调查平台和社交媒体的数据收集方式可能会受到参与者的影响，从而降低数据的质量。

不同的渠道有不同的信息获取成本。调查公司和专业调查网站通常需要付费才能获得数据，而很多学术机构发布的公共数据库则通常是免费使用的。因此，我们要根据不同的调研预算和调研主题选择合适的调研渠道和资料获取渠道。

资料来源的渠道一般有三种。

第一种是官方/政府媒体，包括官方网站、报纸、杂志和电视新闻等。政府机构（如统计局、人力资源和社会保障部、商务部等机关）发布的资料和信息通常具有较高的可信度，因为政府机构公布的信息通常要经过核实和验证，也会受到国家的监管和审查。例如，统计局发布的数据通常会经过多种方法的核实和验证，包括与私营部门和学术机构的数据进行比较、检查数据记录和调查问卷等。但需要指出的是，政府机构公布的信息并不总是完全准确的，因为它们可能会受到数据采集的方法、数据收集的难度等多种因素的影响。因此，调研者在使用这些数据时需要对其进行全面的评估和审查，以便确定其可靠性和适用性。

第二种是科研机构的数据。这类数据是在严格的研究伦理和数据采集规范的指导下完成，同时也会受到同行评审和外部审查，通常具有可靠性和准确性。但是，科研机构公布的数据也不一定完美，因为会受到研究问题的局限性、测量存在的误差、数据的滞后性等因素的影响。因此，调研者在使用科研机构的数据时，也需要综合分析和评估，以确保数据的质量和适用性。

第三种是官方 / 政府之外的知名新闻媒体的报道。这些媒体报道的内容的可信度较高，因为这些机构通常具有专业的记者、编辑和发行团队，他们在新闻采集、分析和报道方面不仅专业素养高、经验丰富，而且会有严格的程序（包括编辑审查、事实核查、采访和问卷调查等）和质量把控。

在调查研究准备和开展过程中，我们还可以使用公开的数据资料。公开数据是指政府或其他机构公开收集、处理和存储的数据，可以供公众免费访问和使用。目前，政府机关、学术机构、商业企业收集和提供了多元的公开数据库，可以供调研者按照自己不同的研究目的申请使用。下面介绍几个常用的公开数据库。

（1）中国国家统计局的国家数据库

中国国家统计局的国家数据库可以由国家统计局官方网站的数据查询入口进入，按时间分为月度数据、季度数据、年度数据，同时提供普查数据、中国统计年鉴数据和各部门数据。国家数据库提供各种宏观经济数据，包括国内生产总值、居民收入、物价水平、工业生产、房地产投资等。数据来源包括国家统计局和地方统计局的数据，以及其他政府机构、学术机构和企业的数据。数据更新频率较快，一般情况下，每月中旬或下旬会更新一次数据。该网站提供的数据免费公开，是调研者了解中国宏观经济状况的重要数据来源之一。除了国家层面的统计数据之外，目前各省、直辖市、自治区及其下属市县的统计局官方网站作为了解地方经济和社会发展的窗口，也可以提供更加丰富的、权威的地方宏观经济社会数据。

（2）中国统计年鉴

中国统计年鉴是由中国国家统计局发布的年度数据集，包含中国各个领域的宏观经济数据，如国内生产总值、居民收入、物价水平、工业生产产值等。该数据集免费公开，并且数据更新频率较高，数据覆盖范围广泛，包括全国及各省（直辖市、自治区）的国内生产总值、居民收入、物价水平、工业生产产值、固定资产投资、交通运输、邮电通信、农业、林业、水利、环境保护、教育、科技、文化、卫生、体育、社会保障、城市住房等各个方面。

（3）中国人口普查数据

中国人口普查数据是根据国家人口普查方案的规定，通过人口普查员上门询问、采集信息等方式，对全国总人口、家庭户数、男女比例、年龄结构、文化程度、婚姻状况等方面进行调查、收集、整理和上报的一项国家基础性数据。中国在 2020 年开展了第七次全国人口普查，普查标准时点是 2020 年 11 月 1 日 0 时，彻查人口出生变动情况及房屋情况。普查对象是普查标准时点在中华人民共和国境内的自然人，以及在中华人民共和国境外但未定居的中国公民，不包括在中华人民共和国境内短期停留的境外人员。为了确保人口普查工作的质量和效率，中国国家统计局会对人口普查员进行专门的培训和选拔，考核通过后才能承担人口普查工作。人口普查小区是人口普查的基本单位，通常由 500 ～ 1000 人组成。中国国家统计局会按照人口普查方案的要求，划分人口普查小区并布置人口普查员进行工作。人口普查员会根据人口普查方案的要求，对人口普查小区内的总人口、家庭户数、男女比例、年龄结构、文化程度、婚姻状况等方面进行询问、采集和整理，并及时上报给国家统计局。国家统计局会对人口普查数据进行审核和修正，以确保数据的准确性和完整性。中国国家统计局会陆续发布人口普查数据，为社会各方面提供数据支持。同时，国家统计局还会加强对人口普查数据的管理和保护，确保数据的安全性和保密性。每一个环节都需要严格遵循国家人口普查方案的要求，确保人口普查数据的质量和准确性。所以，人口普查数据也是我们能够从统计局获取的重要公开数据。

（4）中国综合社会调查（Chinese General Social Survey，CGSS）

CGSS 由中国人民大学等高校于 2003 年发起，是我国最早的全国性、综合性、连续性学术调查项目，每隔 1 ～ 2 年调查一次。CGSS 系统、全面地收集社会、社区、家庭、个人多个层次的数据，总结社会变迁的趋势，探讨具有重大科学和现实意义的议题，推动国内科学研究的开放与共享，为国际比较研究提供数据资料，充当多学科的经济与社会数据采集平台。目前，CGSS 数据已成为研究中国社会最主要的数据来源之一，广泛地应用于科研、教学、政府决策之中，其调查质量已经得到学术界的广泛认可。读者可以访问中国综合社会调查官方网站，申请并获得该数据的使用权限。

（5）中国社会状况综合调查（Chinese Social Survey，CSS）

CSS 是中国社会科学院社会学研究所于 2005 年发起的一项全国范围内的大型连续性抽样调查项目，目的是通过对全国公众的劳动就业、家庭及社会生活、社会态度等方面的长期纵贯调查，来获取转型时期中国社会变迁的数据资料，从而为社会科学研究和政府决策提供翔实而科学的基础信息。读者可以访问中国社会质量基础数据库官方网站，申请并获得该数据使用权限。

（6）中国家庭金融调查（China Household Finance Survey，CHFS）

CHFS 是由西南财经大学中国家庭金融调查与研究中心自 2011 年开始收集的，旨在调查有关家庭金融微观层次的相关信息，主要内容包括住房资产与金融财富、负债与信贷约束、收入与消费、社会保障与保险、代际转移支付、人口特征与就业、支付习惯等，以便为学术研究和政府决策提供高质量的微观家庭金融数据。目前，中国家庭金融调查与研究中心已成功实施了六轮中国家庭金融调查，共计 20000 多名在校学生参与调查，数据样本分布于 29 个省（直辖市、自治区）、355 个区县、1481 个社区，覆盖 40011 户家庭和 127012 名个体，成为国内规模最大的非官方家庭资产类抽样调查项目。CHFS 为学术研究和政府决策提供了高质量的微观家庭金融数据，可以对家庭经济、金融行为进行全面细致的分析和刻画。读者可以通过访问中国家庭金融调查与研究中心官方网站，申请并获得数据使用权限。

（7）中国家庭追踪调查（China Family Panel Studies，CFPS）

CFPS 是由北京大学社会科学调查中心于 2010 年开始实施的一项全国性、追踪性调查，旨在通过跟踪收集个体、家庭、社区三个层次的数据，反映中国社会、经济、人口、教育和健康的变迁，为学术研究和公共政策分析提供数据基础。CFPS 重点关注中国居民的经济与非经济福利，包括经济活动、教育成果、家庭关系与家庭动态、人口迁移、健康等在内的诸多研究主题，是一项全国性、大规模、多学科的社会跟踪调查项目。CFPS 样本覆盖 25 个省、直辖市、自治区，目标样本规模为 16000 户，调查对象包含样本家庭中的全部成员。CFPS 调查问卷共有社区问卷、家庭问卷、成人问卷和少儿问卷四种主体问卷类型，并在此基础上不断发展出针对不同性质家庭成员的长问卷、短问卷、代答问卷、电访问卷等多种问卷类型。CFPS采用计算机辅助调查技术开展访问，以满足多样化的设计需求，提高访问效率，保证数据质量。读者可以通过访问中国家庭追踪调查官方网站，申请并获得数据使用权限。

（8）从互联网设备和社交媒体平台获取的大数据

从互联网设备和社交媒体平台获取的大数据包括调研对象的行为、言论、喜好、交往等信息，以及他们发布的文本、图像、视频等各种形式的数据。这些数据的规模巨大，涵盖了调研对象的生活、工作、娱乐等各个方面，因此被称为大数据。从互联网设备和社交媒体平台获取的大数据具有以下几个特点。

- ✓ 多样性：互联网设备和社交媒体平台的数据涵盖了调研对象的各种行为和活动，包括发布、评论、点赞、分享、搜索等。

- ✓ 海量性：互联网设备和社交媒体平台的数据规模庞大，可以达到数百亿甚至数千亿拍字节（PB, petabyte）。

- ✓ 实时性：互联网设备和社交媒体平台的数据往往是实时的，调研对象的行为和活动在短时间内就会得到记录和存储。

- ✓ 个性化：互联网设备和社交媒体平台的数据往往能够反映调研对象的个性特点、兴趣爱好、行为习惯等。

从互联网设备和社交媒体平台获取的大数据被广泛应用于许多领域，如市场营销、客户服务、个人定制、决策支持等。同时，互联网设备和社交媒体平台也不断完善数据收集和分析的功能，为研究者和数据分析师提供更多数据支持和工具。

在获取互联网设备和社交媒体平台大数据之前，我们需要明确调研的目的和问题，以便有针对性地选择和分析数据。不同的互联网设备和社交媒体平台拥有不同的数据特点和规模，因此我们需要根据调研目的和问题选择合适的互联网设备和社交媒体平台。具体而言，我们可以通过社交媒体平台提供的 API 接口、爬虫程序等获取数据，或者与社交媒体平台合作获取数据。使用爬虫程序从社交媒体获取大数据是通过网络技术自动爬取社交媒体平台上的数据，并将其存储在本地或数据库中。这需要具备比较复杂的数据获取专业技能，一般的调研者需要在专业技术人员的帮助下才能完成。

2.1.2 实证方法：怎样确保信息的有效性

实证研究方法是一种通过收集、分析和解释数据来研究社会现象的方法。这种研究方法通常用于研究因果关系、变化趋势、频率和幅度等，主要任务是回答"是什么""为什么"和"如何"等问题，可以应用于社会科学和自然科学领域。在社会科学领域，实证研究方法通常用于研究社会和经济现象，如社会态度、价值观、行为、决策、市场行为、货币政策、经济增长等。在自然科学领域，实证研究方法通常用于研究自然界发生的物理、化学、生物学现象等。实证研究方法往往是科学研究方法的重要手段，其基本要素包括数据收集、数据解释和分析、研究结果的可重复性和可验证性等。数据收集是实证研究方法的重要组成部分，需要采取科学的手段和方法，遵循科学的程序来收集、整理和清洗数据。数据解释和分析需要对数据进行统计分析和可视化，以揭示数据之间的关系和趋势。研究结果需要以清晰、准确、客观的方式呈现，以便其他研究者复制和验证研究结果。

要确保获取信息的有效性和真实性，必须验证数据来源，如经过认证的官方网站、学术期刊、专业出版物等。要确保数据信息的真实性，首先要做的是验证信息中的具体事实。对于涉及数字和数据的信息，要检查它们是否正确。我们可以使用多个来源来验证事实，以确保信息的准确性。其次，信息中引用的来源也要进行验证。检查引用的来源是否可靠，并且是否与信息源一致。我们还可以使用多种工具查找信息。例如，使用搜索引擎、图书馆数据库、专业论坛等查找信息。这样可以增加找到正确信息的机会。对于文档和电子邮件等格式的信息，要检查它们是否规范。检查信息是否符合常见的格式规范，如拼写和语法错误等。同时要检查信息的时间，确保信息是最新的。最后，对于复杂的信息，要多方验证。例如，对于复杂的技术问题，要咨询多个专业人士来获得多方面的观点和意见。

2.1.3　撰写方案：如何制定调研计划

调研方案是调研前制定的实施计划，是调研全过程的指导性文件，是调研工作有计划、有组织、有系统进行的保证。

第一，要了解调研的背景和意义，包括是否受到特定机构或基金会的支持、服务于哪些国家项目等。

第二，要明确调研目的，主要是指调研需要了解和反映的情况，以及为何要了解和反映该种情况，为了解决什么问题等。准备调研方案时，需要明确调研的最终目标，紧扣调研内容，语言简明清晰、高度概括。

第三，要明确调研范围，主要是进行范围的界定，是全国调查，还是部分地区的调查等；还要指定调研对象，主要是指调研范围内调研对象的身份界定，调研对象要具有代表性、典型性，也要兼顾特殊情况。这包括以下几个步骤：第一步是分层选取调研对象，如果调研对象不够丰富，就会造成情况掌握不全面；第二步是计划具体的调研方法，主要有召开座谈会、实地观察、深入访谈、查阅地方档案资料、问卷调查等。一次调研一般不会只用一种调研方法，可以视情况综合使用。

第四，要计划调研的组织方式，主要包括组织实施主体、调研时间、资料上报和数据处理、质量控制、培训工作等。调研计划中要合理安排每个环节的时间，一般调研的时间要占一半以上，还要留出足够的时间写调研报告，可用一个简单的图对整个调研流程进行说明。为了确保调研安排与实际不会偏差太多，可以在计划中制定调研时间表。调研计划要有详细的分工，安排能把握全局的调研负责人、专业的业务骨干、经验丰富的文字工作人员、行政联系人员等。

第五，确定调研计划的附件。附件的主要内容有两项：一是调查表或调查问卷，以及必要的指标解释和报表说明等；二是抽样框、样本的选取技术和方法说明等（样本量较大时）。如有其他特殊要求，如代码表、工作记录表、数据处理程序等，也可以附件的形式出现在方案中。

起草调研方案要注意以下几点：一是方案起草要聚焦调研目的和要求；二是方案设计要体现科学性、可行性和有效性；三是方案内容要着眼于调研质量的提高。

下面以一篇政府调研方案为例，说明如何撰写调研方案。

一、研究背景

×× 以来，×× 关于科技创新做出了一系列重要论述，并提出了科技创新是提高综合国力的关键支撑，是经济社会持续健康发展的主要驱动力，是提高社会生产力水平、推动社会生产力发展的必然要求。随着创新成为城市竞争力的重要标志，国内外的许多城市如上海、昆山、伦敦、波士顿等竞相通过"城市创新区"的建设，整合科技创新要素及城市资源，逐步发展成为世界上具有强大竞争力的城市。因此，探索如何建立科创街区、社区成为城市高质量发展的重要突破口。

《××市国民经济和社会发展第十四个五年规划和二○三五年远景目标纲要》中提到要加快建设创新××，打造先进制造业科创中心。应着重围绕战略性新兴产业、特色优势产业，构建现代化产业链群……良好的创新创业生态环境是吸引科技人才的前提，而人才则为科创街区、社区的建设提供了核心动力。在国家大力推进数字经济的战略背景下，如何利用数字化提升就业机会成为城市吸引高端人才的关键因素。

二、研究内容安排

1. 国内外科创街区、社区发展历程与现状调研……本研究将重点关注国内外科创街区、社区发展过程中遇到的机遇和挑战，对创新要素的导入、打造创业生态集群过程中存在的问题进行梳理。

2. 建立科创街区、社区过程中人才吸引模式的研究。重点研究北京中关村创业街、上海陆家嘴创业街的人才吸引方式及人才构成……研究将重点梳理创新创业环境及人才吸引对科创街区、社区打造的影响。

3. 研究建立科创街区、社区过程中的多方合作、共赢……

研究将重点梳理政府、企业与科研机构如何在创建科创街区、社区中挥发作用，以及三者应如何有效结合。

三、研究进程安排（含研究方法）

2022 年 5—6 月	完成已有文献针对建立科创街区、社区的梳理，完成上述第 1 部分内容的初步研究
2022 年 7—8 月	对 2～3 个典型的科创街区、社区的企业进行问卷调研
2022 年 9 月上旬	对 ×× 相关政府部门进行访谈
2022 年 9 月中下旬	采集相关数据并完成数据分析，完成上述第 2 部分的研究内容
2022 年 10 月	组织内部交流会并对访谈资料进行总结分析，以及研究报告架构搭建，初步完成上述第 3 部分的研究内容
2022 年 11 月	整理和撰写研究报告，完成简版报告和 PPT 版报告，召开外部研讨会
2022 年 12 月	修改完善，形成最终报告

四、本课题研究人员

课题负责人：× ×

其他成员：× ×

2.2　分类型，排除法：确定调研对象

确定调研对象是非常重要的，因为它能够确保调研聚焦于特定的问题或领域。例如，如果调研者关注某个特定群体，那

么他们应该研究这个群体的特殊需求和问题。如果调研对象不明确，调研就会难以聚焦，从而陷入"眉毛胡子一把抓"的窘境，导致最终结论无的放矢。从这个角度看，确定调研对象不但可以明确调研重点，有针对性地把握调研的重点，也能有效缩短调研的时间，降低调研的成本。

2.2.1 茫茫人海，该调研哪个群体

确定对哪个群体或对象进行调研是调研计划的重要内容。调研群体是指在调研过程中需要进行观测、实验或调查的人群或事物。在调研之前，我们已经基本明确了调研目的。调研目的会直接影响我们选择调研哪个群体。例如，如果调研目的是调研某个特定群体的心理健康问题，那么我们应该选择这个特定群体作为调研对象。在进行调研之前，我们应该阅读相关领域的文献，了解已有的研究成果。这可以帮助我们在调研时更加具体深入，在别人的基础上做出更创新的成果。如果我们想要了解某些产品的市场需求，那么应该选择与市场需求相关的群体作为调研对象。例如，如果市场需求是了解"00后"群体的消费借贷行为，那么应该选择这个特定群体作为调研对象。不同的调研方法适合不同背景的调研对象。例如，如果采用问卷调查的方法，并采用自我填答的方式，那么这种方法适用于文化程度较高、能够充分理解问卷调查问题的社会群体。如果

调研对象的文化程度不高，那么最好是面对面的访谈调研，或者访员辅助下的问卷调查。对于我国南方地区年龄较大的不会讲普通话的群体，可能还需要雇用会讲当地方言的调研者来开展数据收集的工作。

2.2.2 人以群分，调研对象分类很重要

在调研过程中，对调研对象的分类很重要，因为这有助于我们更深入地了解调研对象、设计调研问题，并为后续调研工作提供更多有用的信息。具体而言，在调研过程中，可以考虑按照以下几种标准对社会群体分类。

（1）按照文化背景进行社会群体分类的标准和方式

文化背景是标定社会群体特征的一个关键因素，它包括地区、民族、宗教、文化习惯等方面。根据不同的文化背景进行分类，可以更好地了解不同文化背景下的社会群体特征和生活方式。我们可以按照以下几个方面对文化背景进行分类。

- ✓ 地区文化背景：根据不同的地区文化背景进行分类，如北方、南方、东北、华北等。这种分类方式主要关注地区文化的差异和历史背景。

- ✓ 民族文化背景：根据不同的民族文化背景进行分类，如

汉族、少数民族等。这种分类方式主要关注民族的文化
差异和历史背景。

✓ 宗教文化背景：根据不同的宗教文化背景进行分类，如
基督教、佛教、伊斯兰教等。这种分类方式主要关注宗
教文化的影响和社会特征。

✓ 文化习惯背景：根据不同的文化习惯背景进行分类，如
喜欢吃面食、米饭、肉类等。这种分类方式主要关注文
化习惯和生活方式。

（2）按照职业进行社会群体分类的标准和方式

职业是社会群体分类的一个重要维度，它直接影响到个体
和群体的经济、社会和文化地位。根据不同的职业进行分类，
可以更好地了解不同职业下的社会群体特征和生活方式。我们
可以根据以下几个方面对职业进行分类。

✓ 行业职业：根据不同的行业职业进行分类，如制造业、
服务业、金融业等。这种分类方式主要关注行业的特点
和经济地位。

✓ 职能职业：根据现代社会职业体系进行分类，如管理、
营销、会计等。这种分类方式主要关注职业的特点和社
会分工。

分类是知识专业性的表现之一。因此，我们在对调研群体

进行分类时需要参考现有学术研究的一些成果，也可以通过查询、阅读相关学术文献和咨询相关行业专家来确定调研群体的分类。

2.2.3 学会取舍，用排除法缩小范围

使用排除法缩小调研对象的范围，通常是指在调研开始前确定需要排除的特定群体或因素，从而缩小调研对象的范围，提高调研的针对性和有效性。下面列举一些使用排除法缩小调研对象范围的例子。

（1）性别排除

在某些调研中，可能需要排除女性或男性受访者，以避免性别因素对调研结果产生干扰。在这种情况下，我们可以使用排除法，只采访男性或女性受访者。

（2）年龄排除

在某些调研中，可能需要排除特定年龄段的受访者，以避免年龄因素对调研结果产生干扰。例如，如果调研对象是成年劳动力，可能需要排除16岁以下及65岁以上的受访者，因为这些年龄段的人往往在劳动力市场上不活跃。

（3）地域排除

在某些调研中，可能需要排除特定地区的受访者，以避免地区因素对调研结果产生干扰。例如，不少调研需要排除港澳

台、西藏、新疆等地区的受访者，因为这些地区的人可能具有相对特殊的文化、社会和经济背景。

（4）特定产品或服务排除

在某些调研中，可能需要排除特定产品或服务的用户或消费者，以避免用户需求或偏好对调研结果产生干扰。例如，在很多产品或用户市场调研中往往不会考虑聋哑人等残障人士，因为这些用户或消费者往往有异于常人的产品服务需求或偏好。

使用排除法缩小调研对象的范围可以帮助我们更准确地捕捉目标受访者的需求和偏好，提高调研结果的针对性、适用性和有效性。

2.3　下定义，找指标：细化调研内容

在调研开始前，明确调研的具体内容也非常重要，因为它有助于我们在有限的预算下明确有关调研群体的具体调研问题，更好地管理调研过程，确保调研结果能够回答这些问题，从而提升调研的准确性和有效性。

2.3.1　定义调研中涉及的概念

概念界定包括抽象定义和操作定义两种方式。抽象定义就

是对一个事物性质和特征的概括性说明，是一个概念的内涵。在社会调查研究中，需要将一些抽象概念逐步转化为具体的可操作、可测量的一个或多个指标，从而更好地理解和应用这些概念。这种转化过程就叫操作化。而操作化过程中，这些具体化的指标就是概念的操作定义，其中每一项指标都反映抽象概念的某个维度。社会科学中的很多概念是人们通过对生产生活过程的认识、思考和抽象出来的，具有综合性的特征，往往可以分解为低层次的子概念。抽象的概念包含很多信息，也不好理解，所以需要进一步定义和细化。例如，"幸福"这个抽象概念就大致包含个体情绪上的"开心"（happiness）和社会生活上的"满意"（satisfaction）两个主要维度，因此对它的操作化也应从这两个维度上设计具体的研究指标。

寻找合适的可操作化的研究指标既可以根据个人对概念的理解这种经验性办法来确定和筛选，也可以通过查阅论文、字典、手册等文献资料这种更理性的办法来确定概念的内涵，并列出合适的指标。仍以"幸福"为例，在调研时直接询问受访者"你幸福吗"显然并非妥当的做法。因此，我们需要根据上述两个子内涵，将其操作化为"是否感到获得了身边人的认可""是否对自己的生活满意""是否经常感到开心""是否经常感到沮丧或绝望"等多个子问题，并向受访者设问。

2.3.2　对研究指标进行测量

在明确概念和研究指标的定义及范围后，需要选择合适的测量工具和方法来测量指标。研究指标在社会调研中起着重要作用，可以用来描述某些抽象概念的数量和分类特征，前者称为量化指标，后者称为类别指标。

（1）量化指标

这种指标可以准确地刻画某个特征的级别和位置。例如，工业普查中的工业企业总数、工业职工总数、工资总额、平均工资、固定资产总值、利润总额等，这些指标从不同的角度反映了工业企业发展的量化的可以进行数学计算的特征。一个完整的量化指标通常由指标名称和具体数值两部分构成，这两部分体现了事物的性质和数量特征。假设我们在统计调查后确定了某企业的固定资产为 10 亿元人民币，这个指标就描述了企业的数量特征，其指标名称为固定资产总值，而数值则为 10 亿元人民币。

（2）类别指标

这种指标用于描述事物的属性和分类，只区分调研对象的不同属性和类别，如调研对象所属的具体地址、职业类别、民族类别等，帮助我们区分不同的地区、职业和民族。但是，这些群体或地区属性特征本身没有高低之分，无法对它们进行排序或定位。尽管在调研过程中，我们也可能用邮政编码来代表具体地区，用职业代码区分职业类别，用数字1、2来代表汉族、少数民族等，但这些数字和代码本身没有数学含意，也无法进行量化比较。

量化指标往往有利于我们掌握面上的情况，或者变量之间的关联性和因果关系。假设调研者计划对一个被怀疑为艾滋病高发区的地方进行调查，目的是了解疾病的流行情况和地理分布，为预防和治疗提供依据，并为病因研究提供线索。那么，这还只是一个抽象的研究目标。如果我们明确列出以下分析指标，如该地区不同性别、教育水平、年龄组居民的艾滋病死亡率、以县级单位为基础的艾滋病死亡率的地理分布、不同县级单位死亡率水平的分级等，则有助于我们发现性别、教育水平、年龄和艾滋病死亡率的关系，从而加深对研究对象的理解。

从上述例子不难看出，研究目标为选择研究指标提供了基础，而研究指标则是研究目标的具体表达。在选择研究指标时，一般首选测量级别更高的量化指标。因为量化指标总可以转化为类别指标，但反过来却不行。例如，我们根据调研对象的实际年龄这个量化指标，可以按照一定的标准把社会群体划分为青年、中年和老年三个群体；但是，如果我们在调研设计时只收集了某个群体的青年、中年和老年类别信息，就无法推断受访者的准确年龄。同理，在测量个体对特定政策的态度时，设定划分更细的非常支持、比较支持、中立、比较不支持、非常不支持五个态度级别，比只给出支持或反对两个态度级别要更好。

研究指标可以帮助我们深入了解调研对象的特征和属性。但是，研究指标的数量越多，数据收集的时间越长，成本越高。因此，我们需要根据研究预算和目标选择适当数量的研究指标。盲目地增加研究指标不仅会浪费人力、财力和时间，还会影响数据收集的质量。这需要我们根据研究目标和研究资源仔细权衡。

2.4 本章回顾

本章具体介绍了调研的前期准备工作和计划制定过程。调研前应准备详细的调研计划，包括调研目的、调研范围、调研方法和调研组织等内容，同时要通过查询大量的资料来了解调研对象的基本情况和调研内容的有关研究。资料的获得渠道包括国家统计局、学术机构公布的数据库、新闻报道、互联网大数据等多种。同时，我们需要熟悉各种资料收集方法。

调研计划需要确定具体的调研对象。我们可以根据一定的标准对调研群体进行分类，并选择感兴趣的子群体开展研究；也可以根据研究需要，利用排除法进一步缩小调研范围。对于调研内容中涉及的具体问题，需要界定概念和操作化。我们可以通过划分维度、设定研究指标等方式对概念进行操作化和具体化。研究指标分为量化指标和类别指标。在研究预算和人力、物力允许的情况下，我们可以选择测量级别更高的量化指标和划分更细的类别指标。

第 3 章

听民意，察民情：
定性资料的收集

微型研究主要是要研究者亲身到要研究的社会中去调查，不能满足于发几张表格去填写的方法，要和被研究者交朋友，体验他们的生活，观察他们的生活，听他们发表的意见，拜他们为师。

——费孝通　社会与人类学家

当调研主题和调研计划基本拟定后，就要开始调研过程。调研过程就是获取调研点和调研对象真实信息的过程，就是获取和收集资料的过程。充实丰富的调研资料是思考和研究总结的前提。而调研资料的收集方法，正如第 1 章已经提到，包括定性研究和定量研究方法[1]。无论是社会科学的学术研究领域，还是政府部门主导的调研活动，定性研究方法都占有十分重要的地位。本章将系统介绍定性研究方法的种类，以及如何根据不同的调研场景对定性研究方法进行更好的选择和运用，以获取有效的定性资料。

3.1　什么是定性研究方法

在学术研究中，给定性研究下定义是非常困难的。通常来说，定性研究具有复杂性、特殊性、多样性、开放性、灵活性和针对性等特点。有学者曾将定性研究比喻为"一棵大树"，这种比喻从客观上表明了定性研究方法和类型的多种多样。

与定量研究相比，定性研究注重对研究对象的深入了解，

1　本书中提到的研究方法，不管是定性研究，还是定量研究，都是指在社会调查基础上开展的研究活动。因此，本书中提到的定性研究、定量研究跟定性调研、定量调研是通用的。相应的，通过定性研究方法获得的资料称为定性资料，通过定量研究方法获得的资料称为定量资料。

在调研过程中关注研究对象的感受、经验和意义，更加注重对个体行为的理解和意义构建，进而揭示其行为的内在逻辑。一般来说，定性研究是通过访谈、座谈和观察等手段来获得资料的，它能够帮助我们收集到丰富、复杂的细节信息，这对深入理解社会现象大有裨益。

3.2 真实可靠：一手资料的重要性

老一辈革命家在长期革命和建设实践中都有一个非常突出的特点，即调查研究亲力亲为，亲自到实地进行调研、掌握资料并研究分析。为什么亲身调研如此重要？因为亲身调研能获得一手资料，能使我们了解社会的真实情况，体会群众疾苦，从而提出切合实际的解决方案。

一手资料是我们从研究对象处直接获取的原始信息和数据，这些信息和数据成为我们形成整体认识和判断的基础。尤其在政府工作中，一手调研资料是制定政策和进行决策的重要依据。1984 年初，邓小平赴深圳调研，先后去商业区、工厂、蛇口工业区、裕民村等地了解情况，并为经济特区的未来发展指明了方向。再如恩格斯的经典著作《英国工人阶级状况》的副标题是"根据亲身观察和可靠资料"，可以看出，恩格斯是在长期与工人一起生活和居住、了解工人阶级的劳动和生存状况的基

础上写出了这样一部经典著作，足见他对获取一手资料的重视
程度。

其实，收集一手资料的过程不仅是一个获取翔实资料的过
程，还是让我们明确和深入其研究问题的过程，因为一手资料
具有以下特征。

首先，通过收集一手资料，我们可以直接接触到调研对象，
了解他们的观点、态度、行为背后的动机等，从而获取更加详
尽和准确的信息。

其次，一手资料具有高度的真实性和可靠性。由于一手资
料是直接从调研对象那里获得的原始信息，因此具有更高的真
实性和可信度，基于这些数据的分析结论也相对可靠。

最后，一手资料能够捕捉到调研对象的感受和意义。通过
亲自调研、访谈、观察等手段，我们可以获取调研对象的主观
体验和内心感受，从而更好地理解他们所感、所思和所做。

3.3　定性研究方法的类型与选择

在社会科学领域，定性研究方法的种类有很多，包括参与
式观察、蹲点调研、访谈法和座谈法等常用方法。在实际应用
中，我们需要根据情况因时因地而异，选择合适的定性调研方
法。整体而言，我们需要注意以下几个方面。

（1）调研工作要明确调研的目的和问题

是否符合调研目的和研究问题的需要是我们选择调研方法的首要考虑因素。定性调研方法适合探索和理解人们的观点、态度、经验和行为背后的意义及深层次的因素。如果调研目的是获取丰富的描述性细节、深入的洞察力及对个体或群体的理解，那么定性调研方法是合适的选择。

（2）调研工作要了解调研对象和样本

一般来说，选择何种定性方法，要综合考虑调研对象的自身特点、文化背景、社会环境等要素，因为不同类型的定性调研方法适合不同场景和需要。

（3）调研工作要评估所需的资源和时间

亲自到基层调研通常需要较多的时间和精力，包括资料收集、分析和解释。我们要时刻确保有足够的资源和时间来应对实地调研的要求。这些资源除了调研经费之外，也包括与调研对象和调研点的人际网络、调研团队成员、调研设备等。

（4）调研工作要把握互动中的角色和影响

调研者在定性调研中扮演着重要的角色，他们与调研对象的互动和关系可能会对资料收集和结果产生影响。因此，我们在收集一手资料时，也要考虑调研对象的角色和身份，以及他们与研究问题之间的关系。对这些信息的了解，有助于选择适合的定性调研方法，并保持调研过程的客观性和可靠性。

（5）调研工作要清楚资料收集和分析方法

定性调研有多种资料收集和分析方法，包括访谈、观察、文本分析等。我们通过了解不同的方法和技术，并考虑其与研究问题的匹配程度和可行性，选择适合的资料收集和分析方法，以确保能够有效地获取一手资料。

（6）调研工作要注意调研伦理和隐私保护

定性调研可能涉及敏感的个人信息和经历。一旦这些信息泄露，可能会对调研对象造成一定的影响，甚至伤害。因此，我们要严格坚持学术基本伦理，不仅要得到调研对象的同意，还要确保调研资料的保密性和安全性。例如，如果在调研过程中要使用录音设备，就要事先征得受访者的同意。

总之，在选择定性调研方法之前，要充分了解每种方法的特点、适用范围和限制，确保所选择的方法能够实现调研目标，并且能够产生可靠、有效的调研结果。

3.3.1　下基层：参与式观察与蹲点调研

参与式观察

参与式观察是定性调研的重要方法，通常在一些学术类研究中被采用，其主要特点是我们作为调研者需要亲身参与到调研对象的生活中，以获取深入的理解和洞察。在参与式观察中，我们通常需要投入相当长的时间，身临其境地体验调研对象的日常生活，参与他们的活动。通过这种参与，我们可以更好地理解调研对象的价值观、信仰体系、社会互动及行为动机等方面。我们的目标是通过与调研对象建立密切的联系，以获取他们内部的视角和体验。在调研过程中，我们需要倾听和观察，并尊重调研对象的文化差异和个人经验。这种方法强调调研者的参与和自我反思，以保持调研的客观性和可靠性，同时需要调研者在观察的基础上有深刻的洞察能力。因此，这种方法对调研者本身的经验、学识和思考能力提出了很高的要求。

例如，费孝通在江村做研究时，经常到村里的一家小商店去买香烟。但是，这家小商店只以一支一支零散的方式，而不是一盒一盒的方式出售香烟。商店老板说：如果你想要一盒的话，需要找到一个船家，然后让船家去镇上购买。当时，费孝通很纳闷：在这样一个大村子里，怎么会没有一盒香烟卖呢？费孝通就是以此为切入点，才对当地的"小商贩"有了更多的认识，如村里店铺的规模、种类、日营业额等。把这些问题都弄明白之后，他又进一步向自己问了几个新问题。举例来说，当有客人来访时，谁来供应每天所需的物品？费孝通自此开始考察船只，亲自坐船体验当地独特的物流交通。这样，他终于搞清楚了这些小村落是怎样由船只与镇的货物流通集散地连接起来的。

蹲点调研

蹲点调研是一种实地调研方法, 也被称为实地蹲点或实地观察, 往往与参与式观察方法紧密结合。它是指调研者亲自前往调研对象所在的场所, 长时间地观察和记录现场情况、行为和活动, 以获取直接、翔实的数据和信息。蹲点调研通常需要调研者在特定的时间段内连续或间断地待在调研场所, 密切观察调研对象的行为、活动和环境。这种方法可以用于研究各种对象, 包括社会群体、组织、公共场所、社区等。其目的是获取调研对象的日常活动、行为模式、互动关系、环境特征等全面而深入的信息。它的优势在于真实性和细节性。我们可以直接观察和记录现场情况, 捕捉到细微的细节和事件, 获得情境式体验与理解。此外, 蹲点调研还可以帮助我们深入了解目标对象的文化、价值观、行为动机等不常被人注意到的方面。

以蹲点调研为研究方法的经典研究之一, 就是美国社会学家威廉·富特·怀特 (William Foote Whyte) 于 1943 年进行的 "街角社会" (Street Corner Society) 的研究。

怀特在 20 世纪 30 年代后半期前往波士顿北区 (North End) 生活, 进行长期的蹲点调研。该区为当地的贫困区, 居住者多为第一、二代意大利移民。怀特将其作为调研对象, 居于此地 3 年半, 其中有 18 个月与一户意大利裔家庭同住。在蹲点调研的过程中，怀特采用了直接参与观察的方法，与当地居民建立了信任关系。他融入社区的生活，成了社区的一分子，观察并记录了社区成员的日常行为、交往模式、职业活动和社会关系等。

通过长期的蹲点调研，怀特对贝克特社区的底层生活有了深入的了解，如该社区的居民、组织和社会互动，他揭示了该社区内部的权力结构、经济生态和社会规范。同时，怀特也观察到了社区内形成的小团体和互助网络，并以此为基础分析了社会阶层和社会变迁对社区生活的影响，为当时公共事业振兴署工作的开展和重要性做出明证。

"街角社会"为学术研究领域提供了重要的案例研究成果。怀特通过深入观察和参与，提供了对底层社区社会结构和互动模式的深刻洞察。他的研究不仅对社会学理论的发展有所贡献，同时也为社区发展和社会政策制定等方面提供了重要的参考依据。"街角社会"的研究方法影响了后来的社会学研究，尤其是为底层社区和边缘群体的研究提供了有力的范例。它强调了深入底层参与观察的重要性，通过蹲点调研获取细致而真实的一手社会数据，为了解社会现象和问题提供了有力的工具，并奠定了怀特作为参与式观察研究（participant observer research）先驱者的声望。

对于政府类调研而言，蹲点调研意味着我们需要深入基层，深入群众开展调查研究。

（1）深入基层，拜民为师

人民群众是我们的良师益友。要到基层中去，到群众中去，拜群众为师、向群众学习。基层的具体情况，群众最有发言权；实践出真知，在日常的生活实践中，基层群众拥有最宝贵的经验和感悟，干部要虚怀若谷，真诚地向他们学习。

（2）倾听民意，为民办事

到群众中去，应该倾听群众的心声，问政于民、问需于民、问计于民，更应该真心解决他们急难愁盼的问题。

（3）求真务实，真抓实干

古人说得好：知屋漏者在宇下，知政失者在草野。到群众中去，在实践中检验工作得失，照镜子、正衣冠、洗洗澡、治治病。下基层，不是去旅游观光，不能走马观花，要实事求是，认真调查研究，找出问题实质。对查找出来的问题要深刻分析，明确整改方向，制定整改方案，规定整改时限，逐一解决。

当然，蹲点调研也存在一些挑战和注意事项。首先，蹲点调研需要我们耗费大量的时间和精力，特别是在长时间观察的情况下。其次，我们需要注意自己的角色和影响，尽量减少对调研对象的干扰。此外，蹲点调研还需要注意伦理问题，确保调研过程中的保密性和尊重调研对象的隐私。

3.3.2 抓实际：访谈调研与座谈会调研

访谈调研

几乎所有的调研过程都离不开对调研对象的访谈。访谈调研是一种常用的定性研究方法，通过与调研对象进行深入的面对面交流和访谈来获取信息。访谈调研可以成为一次调研中的主要研究方法，也可以与其他调研方法结合使用。

访谈调研可分为结构化访谈调研与非结构化访谈调研。结构化访谈是一种系统化和预先设计的访谈方式。在结构化访谈调研中，我们通常使用一套预先准备好的标准化问题，以相同的顺序和方式向每个调研对象提问。这些问题通常是封闭式的，调研对象需要从给定的选项中选择回答或给出特定的评分。这种调研方式可能会限制调研对象的自由表达，使我们无法深入了解他们的个人经历和观点，也可能无法涵盖那些意想不到的内容。

在政府类调研工作中，比较常用的访谈调研是非结构化访谈调研。非结构化访谈调研是一种灵活和开放的访谈方式，没有固定的问题顺序或预定的答案。在非结构化访谈中，我们与调研对象进行深入的对话，围绕一定的调研主题或问题展开讨论。这种调研方法的优点是显而易见的：

（1）允许调研对象自由表达观点、讲述经历，提供更加丰富的详细信息和深入洞察；

（2）可以根据调研对象的回答灵活调整问题和方向，以更加全面地了解调研对象；

（3）能够涵盖各种主题和问题，包括意想不到的、新的内容和观点。

不过，由于这种访谈调研方式较开放，因此对调研者自身的素养和主观判断能力要求较高。作为一名调研者，要注意时刻在访谈的过程中引导访谈主题和访谈节奏，避免调研主题跑偏。因此，在进行访谈调研时，有一些重要的原则需要注意。

（1）建立信任与亲和力

与调研对象建立良好的互动关系和信任是访谈调研的关键。我们要表现出真诚和关心，并采用亲和的态度与他们进行交流，以促进良好的沟通与合作。

（2）开放式和灵活的访谈

在访谈调研中，采用开放式的访谈，给调研对象充分的自由表达空间，避免给予过多的指导或假设，而是鼓励调研对象提供他们真实的观点、意见及经验。

（3）适时追问和深入探究

在与调研对象交流时，我们要及时追问问题，以深入了解他们的观点和经验。通过提问、澄清和进一步追问，我们可以获取更多细节和背后的动机，以获得更深入的洞察与信息。

（4）记录和文本分析

在访谈调研过程中，记录访谈内容是至关重要的。我们可以使用录音设备、笔记或摘要来记录调研对象的回答和观点，之后对记录的文本进行仔细分析和解读，以识别出关键主题和模式。

（5）反馈和验证

在完成访谈调研后，我们应及时向调研对象反馈调研结果，以验证他们的观点和意见是否被准确理解。这有助于确保调研的准确性和可信度，并促进我们与调研对象之间的沟通和互动。

访谈注重两个人之间面对面沟通的过程，核心是一个"谈"字，也就是跟对方"聊天"。这要求我们进入调研对象的情境中，以调研对象为主体，双方进行互动式的、开放的交谈与讨论。在访谈调研的过程中，我们要与对方建立良好的关系，给予对方足够的尊重。

访谈是有节奏、目的和技巧的。访谈的一切技巧都是为了激发调研对象更好地呈现真实的自己，更深入地与调研者开展互动式交流。因此，访谈过程中的技巧更多是人际交往能力的体现，是生活经验和调研经验的结晶。一般来说，要进行一次深入的访谈调研，首先要以建立信任关系为首要目标；其次要针对什么人说什么话、问什么问题；再次，我们必须保证自身的真诚和投入，用真心换真心；最后，我们可以根据实际情况和具体问题顺着对方的思路走。

在访谈的过程中，我们要尽量避免使用专业或模棱两可的词语，注意提出的问题不宜太长；提问时要直截了当、简明扼要；同时可以适当使用肢体语言，并在访谈过程中给予对方说的内容积极的反馈。访谈时，我们可以多使用重复和总结的策略，起到整理思路的作用，也可以检验自己是否理解了对方想要表达的意思。

座谈会调研

以上访谈调研一般是在一个比较私人化的场所开展的一对一访谈。这种方式的好处是可以深入细致地了解调研对象，但这种方式在一定时间内调研的对象非常有限，获取的意见想法也只能代表少部分人。而座谈会可以在一定的时间内同时询问多个或几十个调研对象的基本情况，征求他们的意见建议。

座谈会的目的是促进多样的观点和意见交流，帮助我们获取深入和全面的信息。这种方法强调参与者之间的互动和合作，鼓励他们分享自己的经验、知识和观点，以便形成更丰富的数据和洞察。

在座谈会调研中，我们通常需要提前确定调研的主题和议题，并邀请符合调研目的的参与者参加会议。座谈会通常由会议主持人引导，讨论的议题范围广泛，涉及多个方面的问题。同时，座谈会要制定详细的议程，包括议题的安排、时间分配、发言顺序等；确保议程合理，充分利用时间，并确保各方有平等的机会发言。参与者可以自由表达自己的观点，也可以与其他参与者进行讨论和辩论。相关工作人员需要仔细倾听参与者的发言，并进行准确记录；可以使用文字、录音或视频等方式进行记录，以便后续分析和整理。

座谈会调研的优点有很多，如实时性和互动性。通过面对面的讨论，我们可以直接和参与者交流，追问问题，进一步了解他们的观点和思考过程。座谈会还可以激发参与者之间的思想碰撞和交流，产生新的见解。此外，座谈会调研的时间成本较低，开一次会议可以听取几个人乃至一二十人的意见和建议，而且参会的人可以互相启发、沟通，效率很高。

然而，座谈会调研也有一些限制和注意事项。首先，座谈会的结果也会受到参与者个体特征和群体动态的影响，因而不具备普遍适用性。其次，座谈会的参与者数量也有限，无法完全代表整个调研群体的观点和意见。再次，如果太多的人同时坐在一起，谈话的内容难以深入，大家讲话难免会有顾虑。

因此，座谈会的主持人这个角色非常关键。主持人应掌握良好的沟通和引导技巧，鼓励参与者积极发言和表达意见。在座谈会开始前，主持人要营造良好的讨论氛围，表明实事求是的要求和态度；可以通过简短的开场致辞或介绍引导参与者对话，并强调相互尊重和理解的重要性。在讨论时，主持人要给予足够的时间和空间，让每个参与者都有机会表达自己的观点；要尽可能使用开放式问题引导讨论，激发参与者思考和深入讨论，而不是干巴巴地发言。同时，主持人需要平衡各方的发言机会，引导讨论沿着预定的议题进行，并确保讨论的秩序和效果。在引导和控制讨论时，主持人需要保持中立和公正，以避免主观偏见的影响。

在座谈会上首先发言的人，其意见往往具有主导性的作用，会对整个会议后续的发展产生一定影响。因此，在开展座谈会时，我们要具体情况具体分析。小型座谈会和大型座谈会多有不同，我们与不同类型的调研对象开展座谈会也需要采取不同的策略进行提问、展开讨论。有些调研课题适合进行 3～5 人的小型座谈会，而有些课题则适合进行个别谈话，以听取真实的想法和意见。这些都需要经验的累积，从经验出发，从实际出发。

3.4　体验与感悟：实地调研的优势

以上介绍的定性研究方法一般都需要我们亲自到实地考察

调研。为什么要强调去实地进行调研呢？这是因为我们自身的体验和感悟能够帮助更好地达到调研目标，所谓"百闻不如一见"。

体验是我们对调研对象的某种生活情境的理解与感受，是双方的生活情境之间的互动。体验最终要实现的是我们与调研对象之间"共情"，也就是理解、表述与解释所要调研的目标。而为了实现这个目标，我们在调研时必须把自身作为调研对象放入整个调研中，通过反思自己和对方的理解之间的差距来领会其中包含的意义和逻辑。

对于政府类调研而言，实地调研通常强调要深入基层，其本质是要深入实际和深入群众。如果到了基层，但仍然无法深入群众、与群众搞好关系，那就还是井里的葫芦，不但缺少广阔的视野，也不能沉下心来。体验和感悟意味着要从群众的角度思考问题，倾听群众呼声，关心群众疾苦，汲取群众智慧，真正做到从群众中来，到群众中去，与群众交朋友，培养真挚的情感。

实地调研的具体好处主要有以下五点。

（1）获取真实和全面的信息

实地调研能够让我们亲自接触调研对象和环境，观察和感知真实的情况。通过亲身体验和直接交流，我们可以获得更真实、全面和准确的信息，而不仅仅依赖于二手资料或间接数据。

（2）深入理解背景和语境

实地调研有助于我们深入了解调研对象所处的背景和语境。通过亲自观察和体验，我们可以感知环境的氛围、人际关系、文化背景等因素，这对于深入理解和解释研究问题非常重要。

（3）发现新的细节和问题

在实地调研过程中，我们可能会发现一些新的细节和问题，这是在书面资料或二手资料中难以获得的。实地调研可以激发新的思考和洞察力，有助于我们发现更多的研究问题和深入探索调研主题。

（4）建立信任和良好关系

实地调研可以促进我们与调研对象之间的信任和关系建立。亲自与调研对象交流和互动，展现真诚和关注，有助于建立良好的研究关系，提高调研的参与度和数据的可靠性。

（5）验证和补充其他数据来源

实地调研可以用于验证和补充其他数据来源，并提供更全面和多维度的研究信息。

因此，实地调研在定性调研中具有重要的作用，它能够帮助我们获得更丰富和可靠的调研结果，为调研提供更坚实的基础。

3.5　信任与尊重：把握好与调研对象的关系

调研是与人打交道的行为，也是需要依赖他人的合作与帮助才能顺利进行并获得所需信息的活动。这个本质特征决定了我们在调研过程中必须直面并处理好与调研对象的关系。对于大多数调研对象来说，我们只是陌生人。从这个角度来看待调研，我们就很容易理解为什么做好调研并不是容易的事情。

因此，调研者与调研对象的关系是定性调研中至关重要的一环。在进行观察和访谈时，由于调研者与调研对象之间必然会发生面对面接触，而且在很多情况下彼此之间的关系有可能变得十分亲密，因此我们把握好与调研对象的关系，掌握交往的"度"，就能够在调研过程中获得更加丰富的信息和更加真实的回答。

以下指导原则可以帮助我们把握好这种关系。

（1）尊重和保护调研对象

我们应尊重调研对象的隐私、尊严和权利，确保在调研过程中遵守伦理原则；要确保调研数据和结果的安全，避免泄露个人身份和敏感信息。

（2）建立信任和互惠关系

我们与调研对象建立相互信任和互惠关系是非常重要的。通过积极的沟通和互动，我们表达出对调研对象的关注和兴趣，能够促进彼此之间的理解与合作。

（3）清晰的沟通和解释

在调研开始前，我们向调研对象清晰地解释调研的目的、内容、时间框架和预期结果，确保调研对象对调研过程和他们的参与有清晰的理解。

（4）参与者的自主性和知情同意

我们要确保调研对象有自主选择参与调研的权利，并在明确知情同意的基础上进行调研；提供足够的信息，让调研对象了解他们的权利和调研的风险与收益。

（5）主动倾听和尊重观点

在与调研对象的互动中，我们要保持主动倾听和尊重对方的观点及意见，给予对方表达的空间和机会，鼓励他们分享自己的经验和见解。

（6）反馈和回报

及时向调研对象提供调研进展和结果的反馈，让他们感到自己的参与是有价值和有意义的。如果可能，我们可以考虑给予调研对象适当的回报或补偿，以感谢他们的参与和支持。

总之，我们与调研对象之间的关系需要建立在互信、尊重及合作的基础上，保持良好的沟通和关怀，遵守伦理原则。我们一定要清楚自己的立足点在哪里，确保自己的态度足够诚恳。很多时候，我们要首先让调研对象了解自己，然后才能调研他。

这个相互了解的过程是非常微妙的。一旦让调研对象察觉到我们没有诚意，或者被我们的调查研究影响到了生活，那么他们也就不再愿意接近我们，也不会再说出真心话。

3.6　本章回顾

定性研究和定量研究都有各自的方法和步骤，但是定量研究依赖数字或数据来解释事物间的关联性或因果关系，而定性研究则更注重在充分掌握原始资料的基础上描述、理解、解释事物，通过深入洞察、思考提炼出相关概念和理论。尽管两者有所区别，但它们并不对立，而是相互联系和互为补充的关系。

定性资料收集的过程包括了解调研背景、制定调研计划、选择调研对象、设计调研方法和工具、实施调研、收集资料和分析等步骤。这些步骤在实际操作时并不是相互孤立、按前后序列依次进行的，而是会相互重叠、互相渗透、循环反复。定性研究的常见方法包括参与式观察、蹲点调查、面对面访谈和座谈等。每种方法都有其优势和劣势，我们应该根据实际情况采用合适的方法。定性研究方法强调亲自到调研点，对调研对象进行体验式、沉浸式感悟和调查。通过细致的观察、感悟、互动和访问，深入探究社会现象和微观个体之间相互影响的复杂关系，在此基础上建立解释或理论框架，提出解决问题的思路。在收集定性资料时，我们需要保护和尊重受访者隐私，与受访者建立相互信任的关系，保持客观性和敏感性，并确保资料的准确性和完整性。

第 4 章

数字化，标准化：
定量资料的收集

我们在调查工作中，抱着客观态度，无论是调查贫穷农户或富户，都是注重事实与数字，让事实与数字来说明当时中国（笔者按：指旧中国）的黑暗……让看到调查报告的人自己得出结论。

——李景汉　社会学家

与定性研究同样重要、相辅相成的是定量研究。常用的定量研究方法是采用问卷方法从特定的样本群体中收集自己感兴趣的相关信息，并通过统计方法对资料加以分析，进而对目标问题形成更清晰、准确认知的调研方法。定量研究方法也包括实验法。实验法是自然科学研究的主要方法之一，心理学研究中也经常应用实验法。但在社会学、政治学、经济学等其他社会科学中，目前实验法还不常用。因为影响人类行为的外在社会因素太多且复杂，还可能涉及研究伦理问题，社会科学情境中的实验法很难完全按照自然科学的实验标准来设计和执行。因此，在社会调研过程中也很少使用实验法。

本章在对定量研究的优势和应用场景进行初步介绍的基础上，从问卷的设计、抽样方法的选择，以及问卷的发放、填写与回收三个维度，着重解读如何收集相关的定量资料。第 5 章将会针对定量数据的整理分析方法做更细致的说明。

4.1　更准确，更直观：定量资料收集简介

定量资料的收集是社会调查研究的重要组成部分，尤其是随着数字化、大数据时代的到来，其重要性日渐凸显。

4.1.1　定量研究的优势

相比定性研究，定量研究具有以下优势。

（1）程序严格规范

相比以访谈、座谈为主的调研方式，定量研究一般具有相对严格的抽样流程、经过集体讨论和各项检验后专业性及科学性较高的问卷、统一的资料处理方式、丰富多样的数学统计工具和图表化的数据呈现样式。这些严格的程序和规范化的手段，使其过程具有较高的可操作性、可重复性。

（2）结果清晰明确

数学工具的介入使我们可以清晰地了解到调研对象的整体特征，如年龄的平均数、中位数、众数，以及收入总体上的均值高低和分布的离散状况等。而且，在定量资料中通过简单的公式计算，我们可以便捷地了解各变量之间相关关系的方向与强弱，以及同一变量在不同群体中的分布差异。例如，通过相关系数的计算，我们可以知道个体的收入和年龄之间的相关性如何，是正相关、负相关，还是存在某种"U形曲线"；还可以比较各年龄段之间的收入究竟孰高孰低。

（3）反映总体特征

根据统计学中大数定律和中心极限定理，假如通过随机抽样方式从全体调研对象中多次抽取相当规模的样本，不管总体是什么分布，各次抽取样本均值的分布总会服从正态分布。因此，根据正态分布的特征，调研总体的特征（如均值）就可以用样本的相应特征值来非常准确地估计。换言之，依据严格的科学抽样流程进行定量研究所得出的结果，在统计学意义上能够用样本的情况来准确地推断调研对象的总体情况，从而大大地减少调查全部调研对象的成本。

4.1.2 定量资料收集的基本过程

基于问卷调查的定量资料的收集一般需要经过以下三个过程。

（1）研究主题的确定与问卷设计

定量资料收集依靠的常用工具是调查问卷。因此，在确定研究主题后，我们需要根据自己的调研需要，设计一份结构完整、设问清晰、测量准确、内容丰富的问卷。

（2）科学抽样

我们在设计好调查问卷后需要调研对象作答问卷，这个过程需要采用抽样的方法完成。具体而言，在确定特定的抽样框（所有调研对象的资料）后，抽样可以分为框内每个样本抽中概率相等的等概率抽样，和每个样本抽中概率不等的非等概率抽样 [1]。前者的代表性和推断性强，但成本更大；后者的推断性较

---

1 这里的等概率抽样又简称为概率抽样，非等概率抽样简称为非概率抽样。

弱，但操作便捷。我们需要根据调研的需要和财务预算选择合适的方法抽取调研对象，并且为保证后续分析的需要，样本量一般不能低于 30 人。用于学术研究的问卷调查往往随机抽取几百、成千甚至上万的调研样本来增加代表性和统计推断的准确性。

（3）问卷的发放与数据的收集

选择抽样方式后即可进行问卷的发放。主要的发放方法有自填问卷和非自填问卷。前者意味着受访者在线上或线下自主填答，然后将作答完毕的问卷上交访员；后者意味着访员通过电话、网络或面访的方式亲自读题，聆听受访者作答并予以记录。问卷成功回收后，定量研究的数据收集部分即告一段落，然后就是数据的整理和分析。

4.1.3　定量研究的应用领域

随着大量统计数据和学术机构收集的数据对公众免费开放，定量研究的应用领域更加广泛。具体而言，在所需研究问题强调大样本和信息的可推广性而忽视信息本身的细致程度时，我们一般采取定量为主的资料收集方式。当下具有代表意义的定量社会调查主要有以下三种。

（1）社会状况调查

社会状况调查是指对特定时期、特定地理范围内群体的基本信息、生活状况、社会关系、社会态度进行的综合性调查。其中最具代表性的是每 10 年一次的人口普查。在人口普查过程中，各地统计部门旨在对当地居民的性别、年龄、户籍、职业、婚姻、教育、住房等状况进行一次全面的询问，并最终汇总成宏观的全国数据，帮助有关部门了解我国整体的人口格局和综合状况。

（2）市场状况调查

市场状况调查是指企业在研发产品、进行战略决策或订立重要合同前，针对市场需求状况、商业格局分配和竞争 / 合作企业运行状况进行的调查，目的是更好地研判自身未来的发展战略与面对大环境时的应对模式。随着市场经济的深入发展，这类调查在生活中出现得越来越多。大型商业公司往往会设置类似的部门，以年度或季度为单位进行调查并发布相关报告，供管理层和市场投资者进行决策。出版社、电视网络媒体等也会定期对自身受众群体进行类似的调查，以优化自身的出版战略或节目设计。

（3）民意调查

民意调查是指针对公民的政治态度、政策意见、社会问题看法等进行的调查，如对"双减"政策实施效果的调查、对青少年犯罪问题的调查等。这种调查的主要目的是帮助政府了解民情、体察民意、知晓特定政策在群众中的真实反馈和公民对某个特定问题的看法，从而优化施政措施，更好地为人民服务。在西方国家，每逢选举由媒体或调查机构发布的针对候选人当选可能性的"民调"也属于这一类。

4.1.4 大数据时代背景下多元化的资料类型

21世纪以来，随着人类社会快速、深层次的数字化转型，各个领域涌现了丰富多样的可以量化的数据，从文本、图片、音频、视频到空间地理信息，都可以通过计算机工具数字化并纳入可供研究的范围。大数据时代的定量研究很可能不再依赖问卷、模型和统计推断技术，而是利用强大的计算能力直接分析海量数据，发现相关关系并获得知识。

面对这种时代趋势，在我国"十四五"规划提出"数字政府战略"的基础上，2022年，国务院出台了《关于加强数字政府建设的指导意见》，提出要推动全面深化改革与数字化发展战略共同形塑，推动数字政府转型与建设，要求政府部门进一步数字化，政府信息进一步公开化、透明化。不难想象，在这种趋势下，政务运行过程所产生的数据体量将越来越大，民众在接触相关信息后提供的反馈也会与日俱增。因此，通过这些海量数据来反映公共政策运行的状态、过程及结果越来越成为定量研究可供选择的路径。各公共部门在调研数据的基础上全方位、高效率地利用政务运行及反馈数据，通过规划、决策、执行、收集反馈、适应、学习等行为，不断完善社会治理、提升行政效率、优化资源分配、改进办事流程、促进社会和谐，也成为时代发展的必然要求。

此外，近 20 年来，我国学术类公开数据库的建设取得显著进展。以中国社会综合调查（CGSS，中国人民大学）、中国家庭追踪调查（CFPS，北京大学）、中国社会状况综合调查（CSS，中国社会科学院）、中国教育追踪调查（CEPS，中国人民大学）、中国劳动力动态调查（CLDS，中山大学）、中国家庭金融调查（CHFS，西南财经大学）等为代表的社会调查，大多采用多阶段分层随机抽样方式在全国范围内抽取大量样本，采用访员面访的方式收集数据，形成了高质量的有全国代表性的数据库。这些数据库可以作为定量资料收集的基础参考资料，有助于我们从宏观上初步把握我国居民的基本生活状况及社会态度。上述数据库大部分均向社会大众免费开放。感兴趣的读者可以通过搜索引擎自主检索其官网，并在注册后进行数据的申请与下载（第 2 章对这些数据库也有所介绍）。

限于篇幅和专业复杂性，本章主要介绍基于问卷调查的定量研究资料的收集方法。对于通过大数据和高质量二手数据库进行定量资料收集和研究的各类方法和技术，需要读者参考相关图书或咨询相关技术人员。

4.2 明主题，求准确：调查问卷的设计

传统定量调研的基础是一份设计良好的问卷。通过问卷，一个个抽象的议题转化为可供排序或计算的具体数字，从而大大方便了调研者的分析，也更容易得出清晰明确的结论。本节介绍问卷设计的全过程，并通过相应的案例帮助读者迅速设计出一份满意的问卷。

4.2.1 基本样式

在几百年的近代问卷调查历史中，研究者已经对问卷的一般格式形成了较为明确的共识。下面以"民众对'双减'政策及其执行效果的看法"为调研目标设计问卷作为案例，对问卷结构、问题及答案的设置方式进行说明。

标准化的问卷一般会设置导言、填答指导、问题和结束语四个部分[1]。

（1）导言

问卷的开篇一般会设置一段简短的导言，用于说明问卷的目的、调研者的单位和具体身份、问卷的大致内容、所需要的填答

---

1 除了这些核心部分，一般还会有问卷编号、访员编号、访问地址、访问时间等重要信息。

时间，以及对作答者信息的保密情况。导言一方面要尽可能涵盖上述信息，另一方面要力求简明扼要，避免长篇大论。措辞上既要显得正式，也要显得真诚，以提升问卷本身的作答率和回收率。

例如，针对上面的"双减"问题，可以这样书写导言。

尊敬的家长朋友：

您好！

"双减"落地已两年有余，为助力学生健康成长，我们在××市开展了关于"民众对'双减'政策及其执行效果的看法"的有关调查。本次调查主要涉及学生在"双减"之后日常学习、生活的变化状况，以及家庭内部经济负担、亲子关系的改变。我们的调查一律采用匿名方式，所填信息将根据相关法律法规严格保密，请您根据自身的实际状况放心填写。本问卷作答全程大约需要 15 分钟。

如果在填写过程中遇到困难，烦请您致电：

张三　010-6278×××

再次感谢您的支持与合作！

清华大学社会科学学院　社会学系

2023 年 8 月

（2）填答指导

这部分一般针对问卷的填答方式进行具体说明。例如，采用"√"还是"〇"选择适合自己状况的答案，问卷是单选还是多选，作答是独立完成还是可以与其他人商谈等。有时，这部分还需要对填答结束后递交问卷的方式进行具体说明。

（3）问题与答案

问题是问卷的主体部分，对于普通的问卷设计，基本以选择题和填空题为主。对于选择题而言，基本为封闭式问题，从作答者选择答案的角度可以将问题分为理论上只有一个答案的单选题（如性别：1.男；2.女）、可能存在多个答案的多选题（例如，下列哪些情况与您当下的处境相符：1.已婚；2.有未成年子女；3.有车；4.有产权属于自己或配偶的住房）、作答者根据自身观点倾向对答案进行排序的排序题（例如，请您根据自身认知，对"双减"实施过程中各项政策的重要性进行排序：1.关闭教培机构；2.减少学校作业；3.学校开展课后托管；4.增加文体活动……）。

根据选项本身的情况，则可以分为以下三类：最简单的是两个选项，如性别有男女两个选项、居住地有城镇和乡村两个选项等；其次是多个选项，如受教育程度，包括"小学""初中""中专""高中""大学专科""大学本科""研究生"等供作答者选择；然后是表格题组，这类题目大多会设计一组具有相关性的问题，引导作答者判断其论述与自身状况相符的程度。

以下关于"双减"政策执行效果的说法，您是否同意？

	非常 同意	相当 同意	有些 同意	无所谓 同意不 同意	有些 不同意	相当 不同意	非常 不同意
1. "双减"后，家庭在课外学业补习所支出的费用大大减少了	1	2	3	4	5	6	7
2. "双减"后，孩子课外补习投入给家庭带来的经济负担大大减小了	1	2	3	4	5	6	7
3. "双减"后，孩子进行课外学业补习的时间大大减少了	1	2	3	4	5	6	7

　　填空题以封闭式问题为主，有时也会涉及开放式问题[1]。对于前者，最常见的是对于收入的询问，具体如下所示。

　　您个人去年（2022 年）全年的总收入是多少？

　　百万位　十万位　万位　千位　百位　十位　个位

　　|＿＿＿|＿＿＿|＿＿＿|＿＿＿|＿＿＿|＿＿＿|＿＿＿|

1　这里的封闭式问题是指受访者需要根据实际情况填写一个客观存在的有固定格式（往往是数字）的答案；开放式问题是指受访者可以根据自己的情况填写自己的感受、体验、意见、建议等主观想法（往往是文字），答案的长短往往也没有限制。

而开放式问题一般虽然容易吸纳更细致、丰富的信息，但由于其处理较为困难，不易标准化，一般只在问卷的末尾设置1～2道，用于吸纳作答者对政策本身及问卷设计的意见和建议。

除问题的设置之外，问卷对备选项的设置也具有一定的要求，这主要涉及部分选择题。在备选项具有客观参照标准如"职业""受教育程度""工作单位的所有制类型"时，一定要注意选项的设置需要符合穷尽且互斥的原则。这意味着不同选项之间必须相互排斥，且所有选项要包含对这个问题所有可能性的作答，以供作答者充分选择。例如，对受教育程度进行测量时，以下是合理的选项设置方式[1]。

您目前的最高教育程度（含在读）是（在符合自身状况的选项后面打"√"）：

没有受过任何教育	☐
私塾、扫盲班	☐
小学	☐
初中	☐
职业高中	☐
普通高中	☐

1　这里参考了中国社会综合调查（CGSS）问卷对这个问题的设问方式。

中专	☐
技校	☐
大学专科（成人高等教育）	☐
大学专科（正规高等教育）	☐
大学本科（成人高等教育）	☐
大学本科（正规高等教育）	☐
研究生及以上	☐

（4）结束语

问卷的结尾一般会附上一段简单的结语，在表达谢意的同时再次重申联系方式，以帮助作答者处理作答过程中遇到的问题。除此之外，假如确有必要，我们还会通过询问联系方式的手段努力在未来实现对同一批受访者持续性的追踪调查。

结束语范例如下。

谢谢您参与我们的调查。希望您能告诉我们您的联系方式，以便将来我们还能再联系到您。如果您对问卷内容有疑惑，也欢迎随时与我们联系，我们的联系方式是 010-6278×××。

4.2.2　基本原则

问卷作为一种测量个体相关信息的手段，其关键在于相对准确。换言之，问卷所询问的问题需要准确、真实地反映我们想要获取的信息，且应答要具有一定的确定性。为达到这个目标，我们要求问卷问题的设计遵循以下两个基本原则。

（1）可靠性

可靠性是指采取同样的方法对同一对象进行重复测量时，所得结果应该一致。直观地理解，用同一台电子秤在三天的同一时点先后三次测量同一个个体的身高，假如该个体在三天内始终均衡饮食且未发生严重疾病，那么我们期待三次测量的结果之间差异很小；假如三次测量的结果相差很大，那么我们有理由怀疑电子秤本身发生了故障。

与此相似，在学校考试中，我们倾向于用 AB 卷的方式测量学生的成绩。假如学生作答 A 卷和作答 B 卷的成绩相差甚远，那么在学生遵守考场纪律的前提下，我们倾向于认为这两套试卷的题目设置难以稳定测量学生的真实水平。而在问卷调查中，如果受访者对同一题目在短期内的作答结果相差较大，或对两道所测内容比较类似的题目的作答结果差异较大，那么我们倾向于认为问卷测量的可靠性较低。

依旧以"民众对'双减'政策及其执行效果的看法"为例，假如在两天内对同一批家长提问是否认同"'双减'后，家庭在课外学业补习支出的费用大大减少了"，得出的答案差异很大，或对此题和是否认同"'双减'后，孩子课外补习投入给家庭带来的经济负担大大减小了"之间的作答结果差异很大，那么我们倾向于认为这个题目对"双减"效果的测量缺乏可靠性。

（2）有效性

有效性是指测量手段能准确地测量出我们想要测量的属性。例如，用电子秤想测出的是个体的体重，而实际读数也展示的是体重而非身高，我们就认为电子秤的测量具有有效性。具体到上述"双减"的案例中，与用标准的简体中文进行问题设计相比，假如我们采用繁体中文问卷来测量个体对"双减"政策的态度，那么得到的态度分数与前者测得的结果相比，有效性显然更差。因为在这次测量中，我们不但测量了受访者的政策态度，还测量了他们对繁体中文的掌握程度。

为了提升问卷题目的有效性，我们需要遵照以下两个准则。

首先，要弄清楚想测量的对象究竟是什么。假如想测量"双减"对家庭补习支出的影响，那么用是否认同"'双减'后，孩子进行课外学业补习的时间大大减少了"进行提问显然并不合适。补习的时长与补习的经济投入并不完全对应，因此用后一个问题来测量前者，显然会导致提问有效性的下降。

其次，可以将提问与现有成熟的测量问题所测得的结果进行比较。假如其得到的结果与成熟的测量问题的结果高度一致，那么问题的有效性就得到了一定程度的保证。当然，假如能与实际状况高度契合，也可以直接使用成熟且得到广泛认可的测量方式进行提问。特别是对于一些学术界广泛认可的概念及其测量，往往可以直接借用或在修改后使用。

最后，需要指出的是可靠性和有效性，也即学术意义上的信度和效度之间具有复杂的关系。首先，它们都是相对的，而非绝对的。我们一方面要通过自己的努力使问卷设计逼近最优，另一方面也要随着调研对象和问题的不同而灵活调整提问的具体方式，保证因时因地制宜。其次，可靠性和有效性在某些情况下存在此消彼长的关系。假如我们想了解"双减"政策对学生家庭的影响，我们就可以通过五个组合题目来测量其对家庭经济支出产生的影响。这样，我们显然对"双减"之于家庭经济的影响形成了更具可靠性的测量。但是，在可靠性提升的同时，这种在问卷设计中仅仅关注政策一方面影响的做法显然更不利于我们了解"双减"政策对学生家庭产生的综合影响。换言之，这种做法虽然使我们十分可靠地了解了"双减"在一个维度上的影响，但因忽视了该政策在其他维度的影响而并未对"'双减'对学生家庭影响"形成有效的测量。有效性和准确性的逼近及二者之间的权衡，是设计问卷的过程中始终要考虑的议题。

4.2.3　对个人基本信息的提问

根据定量资料收集的逻辑，我们需要首先了解作答者的基本信息。这样可以方便我们在后续数据分析的过程中，探究在这些基本维度上产生异质性的个体是否也会在我们关心的一系列问题上产生差异。一般而言，对个人基本信息的提问需要包含以下维度。

（1）性别

一般直接通过选择题的方式直接提问。

（2）年龄

一般以填空题的方式提问，要求受访者填写出生年，以防受访者记错年龄，或对实岁和虚岁的理解出现误差。

（3）居住地

一般包含两类问题。第一类询问受访者居住地属于城镇地区还是农村地区。由于很多受访者对此缺乏明晰的概念，一个合适的测量是通过其所在社区的所属组织是"居民委员会"还是"村民委员会"加以区分。第二类则询问受访者在行政区划中所处的地理位置。一般全国性调研会精确到样本所在的地级市，以省、地级市为对象的调研则至少要精确到区级行政单位。

（4）受教育程度

一般以选择题的方式要求受访者选择目前最高的受教育程度（包括在读）。此题要求做到选项的设置穷尽且互斥，具体可参考 4.2.1 节提供的案例。

（5）收入状况

一般以填空题的方式要求受访者汇报受访前一年全年的个人收入及家庭收入，具体可参考 4.2.1 节提供的案例。

（6）户籍

一般以选择题的方式要求受访者填写自身户籍，要求选项的设置穷尽且互斥，通常包括"农业户口""非农户口""居民户口""军籍""蓝印户口""没有户口"六类。其中，"蓝印户口"根据研究问题和目标样本人群的不同，也可以选择不出现在选项中。

（7）婚姻状况

一般以选择题的方式要求受访者填写自身婚姻状况，要求选项的设置穷尽且互斥，包括"未婚""同居""初婚有配偶""再婚有配偶""分居未离婚""离婚""丧偶"七类。当然，我们也可以根据研究要求，按照法律上的婚姻定义简化为"已婚"和"未婚"两类。

（8）民族

一般以选择题的方式要求受访者在 56 个民族中选择自身所属民族；也可以仅设置几个人口规模较大的民族——汉、藏、满、蒙、回、壮、维，并将其他民族的对应选项定义为"其他"。

（9）政治身份

一般以选择题的方式要求受访者填写自身政治身份，要求选项的设置穷尽且互斥。对处于 16 岁以上的受访者发放问卷时，一般包括"共产党员""共青团员""民主党派""群众"四类选项。

（10）工作状况

一般以选择题的方式要求受访者选择上一周或上一个月有无工作，也可以进一步询问个体无业的原因，如求学、退休、失业等。

上述问题主要考察个体背景中被普遍认为最基本的因素。一般而言，无论调研的主题是什么，对上述要素的设问都要出现在问卷中问题的第一部分。此外，还有一些相对次要的个人基本信息，也可以根据具体调研内容的不同进行补充，这些因素有身高、体重、个人健康状况、住房产权持有、现有子女数量及年龄分布、个人职业状况（非农工作的单位 / 企业类型，工作组织的所有制类型）、社会保障（"五险一金"）的持有状况、宗教信仰状况等。

4.2.4 目标信息的设问：李克特[1]量表（Likert Scale）

在对作答者的背景信息有较充分的了解后，问卷的下一部

---

1 李克特（Rensis Likert，1903—1981），美国社会心理学家，以发展出可以有效测量人们的心理感受和人格特质的多设问方式量表而出名。

分就是对我们想要调研的主体内容进行设问。由于调研目的和主题各不相同，问卷的具体设计和细节程度也会各不一样，我们很难给出统一的框架。因此，我们在这里将对应用性最广的李克特量表进行介绍，并对问卷设计的基本逻辑和注意事项进行详细说明。在介绍过程中，我们也将通过案例的方式指导读者设计可靠性和准确性双高、具有真正应用性的量表。

李克特量表由一组对某一特定事物的看法和观点的陈述组成，作答者基于自身的价值对特定的陈述进行"赞成""比较赞成""中立""比较反对""反对"的判断，并依次赋予从5到1的得分。然后，问卷设计者会对这些题目的作答结果进行累加，形成作答者对某一特定事项的态度总分。李克特量表的设计需要遵循以下基本原则。

（1）多题测量多维度

一般而言，我们想要调研的对象都具有不同的维度。例如，"男女平等状况"可以被分解为经济报酬、法律地位、家庭地位等多个维度的平等状况。因此，我们在设计量表时，第一个基本的原则就是对复杂的问题避免单题设问，而是通过多个题目测量这个问题的不同维度。至于维度的选择，一方面可以利用前人成熟的问卷设计中使用的方式，如"幸福感"就已经有非常专业的心理学量表加以测量；另一方面，对于较新的领域，我们则需要在前期对这个问题进行充分的走访、理解和研究资料收集，对其形成初步且清晰的认知，后续才能设计出维度合理的量表，提升测量的准确性。

（2）单题提升辨识度

在成功区分调研问题所设计的若干维度的基础上，下一步需要做的就是保证每一题的设问能很好地测量我们想测量的那个维度，这与前文提及的"准确性"其实异曲同工。要做到这一点，首先，我们依然可以借鉴前人的设问方式，并以自己在前期调研中积累的经验和调研问题的特殊性为基础来设计量表。其次，李克特对量表问题的辨识度也提出了更具操作性的计算方式。他提出，标准的李克特量表操作需要先写出若干条陈述，然后在目标总体中随机选择 20 人左右的样本进行试测，以考察各条陈述对问卷设计者想测量的指标的分辨度。在计算出每条陈述的分辨度后，需要删除分辨度较低的陈述并形成最终的量表[1]。由于篇幅限制，笔者不再对筛选过程进行详细的陈述，感兴趣的读者可以参考相关的教材或资料。在资金、时间有限或对准确度要求不高的状况下，我们可以采用经验法，而省略这个烦琐的数学计算过程。

1　首先根据总分高低对预测试全体对象进行排序，接着取总分最高的前四分之一和总分最低的后四分之一样本，计算这两部分人在每一条陈述上所得的均分，并将这两个均分相减，得到每条陈述的分辨力系数。系数越高，分辨力越大。

（3）题目设问要易懂

量表中每条陈述的撰写都要符合"晓畅易懂"的原则，包含以下几个方面。

第一，语言简单，陈述简短。避免使用过于书面化、学术化、文言化的设问方式，要使用日常生活语言，且每条陈述务必简短，尽量不要超过 15 个字。

第二，不直接提问敏感信息。在涉及受访者可能产生警惕并拒答的问题，如对单位领导的看法、对地方干部的看法、对国家政策的看法时，尽量避免直接设问，而采用间接的方式加以考察。

第三，问题含义清晰明确。这意味着一个问题只对应一种含义而不产生歧义。例如，"这段时间以来，您是否同意以下说法：您和孩子相处的时间变多了"这个设问，不同的人对"这段时间"的理解就可能出现差异，应该改为类似"2023 年以来"这样更精准的表述。

（4）选项设置要对称

李克特量表的选项一般设置为 5 项或 7 项，前者即上文提及的"赞成""比较赞成""中立""比较反对""反对"，后者则在此基础上于首尾分别增加了"特别赞成"和"特别反对"2 个待选项，使态度测量更加细致。无论如何，选项的设置一般为奇数并以"中立"或"无所谓"为中心，前后保持高度对称，以保证选项设置本身不会对受访者的作答造成干扰。

回到本节一直涉及的"'双减'政策及其后果"的议题。以"双减"对家庭的影响为例，我们在调研后认为，"双减"政策对家庭的影响包括经济支出、亲子关系、家校关系及时间分配4个维度。因此，我们拟定了以家长群体为目标受访者，包括6个问题的7维李克特量表。其中，1、4两问主要关注亲子关系，2关注经济支出，3关注家校关系，5、6关注时间分配。

以下关于"双减"政策对您家庭的影响的说法，您是否赞成？

	非常赞成	赞成	比较赞成	无所谓赞不赞成	比较不赞成	不赞成	非常不赞成
1."双减"后，您和孩子日常相处的时间变多了	1	2	3	4	5	6	7
2."双减"后，您在孩子的课外补习上花销更少了	1	2	3	4	5	6	7
3."双减"后，您和孩子与学校的任课教师之间沟通变多了	1	2	3	4	5	6	7
4."双减"后，您和孩子吵架的次数减少了	1	2	3	4	5	6	7

（续表）

	非常赞成	赞成	比较赞成	无所谓赞不赞成	比较不赞成	不赞成	非常不赞成
5. "双减"后，孩子有更多时间从事感兴趣的课外活动	1	2	3	4	5	6	7
6. "双减"后，孩子进行课外学业补习的时间大大减少了	1	2	3	4	5	6	7

4.3 定总体，抓样本：抽样方法的选择

在设计完成问卷后，下一阶段就需要选择作答者填答问卷。假如研究"双减"，显然我们希望对特定辖区内所有的家长进行询问。然而，实际上由于时间和资金的限制，这个目标往往难以达成。因而，我们需要在总体中选择特定的样本进行作答，并通过各种手段使这个特定样本的特征能够对总体具有更强的代表性，在更大程度上反映总体的相关特征，而这个过程就是抽样。本节将首先对抽样的基本过程进行讲解，接着介绍不同的抽样方法，包括每个样本被抽中机会基本相同的概率抽样，和每个样本被抽中机会不同的非概率抽样。

4.3.1 抽样过程

（1）界定总体和抽样框

抽样的第一步是确定调研对象有哪些，也就是确定调研的"总体"。对于前述的"双减"调研，总体显然是特定行政辖区内的所有家长。接着，我们需要选择合适的抽样框，即抽样的范围。在本例中，理想的抽样框当然是全市所有家长的名单，但是实践中，这个名单很难拿到。因此，我们会缩小抽样的总体范围，比如全市所有初中学生家长的名单。这样操作起来会容易得多。抽样框的选择关系着后续问卷作答对象的总体特征，根据调研问题的不同，我们需要对其进行细致的考虑。

（2）选择抽样方案与执行抽样

在确定抽样框后，我们可以通过概率抽样或非概率抽样的方法选择最合适的样本。具体的抽样方式、适用情况及具体利弊，我们在 4.3.2 节进行介绍。除了考虑抽样本身的科学性，我们还需要根据调研的具体目的综合考虑本次调研在整体上的经济性和可行性，既要最大程度地节约成本，也要能在真正意义上落地执行；否则，调研虽在设计上完美无缺，但最后可能只是空中楼阁。

（3）抽样后评估

在完成抽样过程后，很重要的环节就是对所抽取的样本进行个人基本信息层面的评估，特别是将其与官方或总体的统计资料进行对照，以观察样本在性别、年龄段、受教育程度等诸多方面是否能够充分代表总体的状况。例如，全市在人口普查中得到的男女性别比大约为6∶4，假如我们针对全市的人口进行抽样得出的男女性别比与这个比例相差很小，那么我们可以认为这次抽样所获得样本的代表性较好。

4.3.2　概率抽样：准确与代表性的集合

概率抽样就是确保总体中每一个个体有相同的概率入选样本，且每个个体入选的概率不受其他个体的影响。用数学化的语言表述，即每个个体入选样本是随机且独立的事件。根据统计学的中心极限定理，当样本量 N 达到一定规模时，无论总体的分布如何，各次抽取的样本均值的分布将趋向于正态分布。这种分布具有单峰对称的特点，即平均数、中位数和众数完全相同（一般统一记作 μ）。中心极限定理使概率抽样得到的样本对总体的推断具有了统计学的基础。下面对三种概率抽样方法进行介绍。

（1）简单随机抽样

简单随机抽样是最简单的抽样方式，其基本逻辑近似于抓阄，对抽样框中的所有个体赋予相应的编号，然后随机抽取编号，抽中者即入选样本。一般而言，我们在完成编号后采用随机数表的方式，在表中随机抽取若干位数码，个体编码与随机数表中抽中的号码相对应的个体即可入选样本。例如，假设我们规定在随机数表抽取的均为三位数，假如第一个抽中的是147，那么编码为147的个体即纳入样本。

（2）分层抽样

分层抽样要求先将总体按照某种特征划分为不同的组别，接着在各组别内部分别进行抽样。这样可以在不增加样本量的情况下，使样本在某一项或某几项关键信息上提升与总体的匹配程度。具体而言，假如我们要在有1000名学生的学校中抽取100人的样本，而学校的男女性别比是6∶4，那么我们可以先分别将总体划分为600名男性和400名女性，接着从这两个子群中分别随机抽取60名男性和40名女性构成最终需要的100人样本，这样样本的性别结构就能最大程度地符合总体的性别结构。一般而言，分层抽样适用于组间差异大而组内差异小的情况。具体到上述例子，即男性和女性在我们感兴趣的问题上所呈现的差异较大，而同一性别内部对这个问题的态度相对一致。

（3）整群抽样

顾名思义，通过整群抽样入选样本的不再是个体，而是特定的群体。假如我们依然在有1000名学生的学校中抽取100人的样本，而学校由20个班组成，每个班有50名学生，那么使用整群抽样的方式，我们只需要随机抽取两个班级就可以实现对调研所需样本的抽取。与分层抽样相反，这个方法适用于群间差异小而群内差异大的状况。换言之，这意味着我们感兴趣的问题有所变化，这种方法适用于特定班内个体态度的分布已经可以充分代表学校内不同个体态度的分布状况，而不同班学生态度的差异相对较小的情况。

概率抽样的优势是有很好的代表性和可推断性，但劣势是执行成本（抽样成本和调查成本等）很高，特别是进行全国范围的调查时，获取个人或家庭的抽样框就极为困难。实践中，开展全国性调查时，往往采用较容易执行的多阶段分层 PPS（Probability Proportionate to Size Sampling，按规模大小比例的概率）随机抽样的方式。例如，CGSS 就采用这种办法，把中国 2000 多个县域作为初级抽样单元（第一层），按照人口规模比例的概率随机抽取若干个县域，从抽取的县域中用同样的办法抽取街道或乡镇（第二层），然后抽居委会、村委会，抽家庭，最后从抽中的家庭中随机抽取个人来开展调查。按照这种办法，CGSS 在 2003—2006 年的调查中，就从全国随机抽取了 125 个区县、500 个街道和乡镇、1000 个居委会和村委会，最后是 10000 个人。最终城镇和农村样本的数量对比为 5900 : 4100，符合当时全国城镇和农村人口的真实比例。

4.3.3 非概率抽样：方便与节约性的体现

概率抽样保证了每个个体被抽中的概率相同，且这一事件彼此独立，因此通过这种方法抽中的样本对总体一般具有较强的代表性。但与此同时，这种抽样方法工序浩繁、成本巨大。因此，在对代表性要求不高或预算不高的非学术调研中，我们也会采用非概率抽样的方法取得样本。顾名思义，非概率抽样取消了概率抽样对"等概率"和"独立性"的限制，我们可以根据自身的经验或其他更加便捷的方法挑选样本。下面具体介绍三种常见的非概率抽样方法。

（1）偶遇抽样

偶遇抽样是指我们完全按照方便原则在特定的人流聚集处，如商场、医院、公园、车站等地对路过人群发放问卷。这种抽样方法没有方法论上的要求，完全按照先到先得的原则进行问卷发放，直到将全部问卷分发完毕。不难看出，偶遇抽样因为排除了调研者的主观性，在一定程度上也具有随机的属性；但由于没有按照严格的流程执行，其选中的样本依然不具有数学意义上的完全随机性。

（2）判断抽样

判断抽样是我们根据自己对研究问题的了解或现有成熟的操作方案、理论脉络选择样本。这种方法的主观性很强，其获取的样本代表性很大程度上取决于我们个人的社会经验、理论素养与敏锐度。因此，在实际调研过程中，除非我们确实在该领域深耕多年，成就斐然，否则一般不建议使用这种抽样方法。

（3）滚雪球抽样

滚雪球抽样利用了社会网的指数扩张理论，即先找到几位熟识的受访者填答问卷，接着由他们推荐自己的朋友进行填答，再由朋友推荐朋友。这样受访者的规模就像滚雪球一样，随着迭代次数的增加越滚越大。这种方法适用于研究总体人数偏少，且很难通过我们自己的努力建立联系的情况。假如调研的目标群体是清华大学学生，那么对于与清华没有建立官方联系的调研者而言，首先找到自己认识的某几位清华学生填写问卷，再利用他们的关系网将问卷推向校内，显然是迅速增加样本量的有效方法。

4.4 多渠道，高应答：问卷的发放、填写与回收

通过抽样方法确定调研对象之后，正式的数据收集就可以开始了。具体而言，在收集过程中，我们需要在前期做好调研对象的联系工作，选择最合适的访员，并注意问卷的发放方法。

4.4.1 问卷发放：自填问卷与结构访问

在问卷设计好并确定了合适的抽样方法后，下一步就是将

问卷发送到目标受访者的手中，并督促其认真地填答。而资料的收集主要分为以下两种类型。

（1）自填问卷

自填问卷是指我们将问卷直接发送给调研对象，调研对象自主填答完毕后主动返还给我们的问卷作答方法。随着信息技术的发展，以前常见的邮寄填答法如今已不多见，目前的发放方法主要包括两类，即个别发送法和集中填答法。

个别发送法是指根据所抽取的样本，由特派员将问卷递交到受访者手中，并约定日期进行回收。在互联网时代，这个过程被大大简化了，我们可以将问卷导入如"问卷星"之类的App或小程序，接着通过电子邮箱或微信渠道直接发送给受访者，并由其在线上完成后一键递交。这种新兴的问卷发放方式大大降低了成本，并提升了问卷的回收效率。

集中填答法是指先通过某种方式将目标受访者集中起来，接着由我们进行问卷讲解后统一发放问卷，现场填答，现场回收。相比个别发送法，它的优点在于进一步提升了问卷的填答质量和回收效率；但缺点在于相比网络发放，将受访者集中起来显然要花费更大的组织和协调成本。所以，这种方法更适用于针对学校学生、机关单位职员、企业员工这些天然具有空间聚集性的群体进行设问，而不适用于没有固定工作单位的社会群体。

（2）结构访问法

结构访问是由访员依照问卷向受访者逐一提出问题，在获取对方回答的结果后由访员在问卷中勾选相应的答案，从头至尾受访者与问卷之间无接触，只负责听题作答。这种方法被普遍认为是作答质量最高的问卷调查方法，因为访员和受访者可以在互动中完成问卷内容，具有即时询问的优势。具体而言，根据是否线下见面，这种方法可以分为电话访问法和当面访问法，前者相比后者成本更低，但同时质量也稍逊一筹，也更容易产生对方因突发状况而导致问卷填答半途而废的情况。

4.4.2　组织一场好调查

无论采用自填问卷法还是结构访问法发送问卷，除非全部通过线上渠道，否则访员的选择和培训就是其中非常重要的一环，且对于结构访问法尤其重要。此外，联系受访者也是调研成功的关键。下面对这两点进行简单说明。

对于访员，我们一般会针对调研的主题和个体的特质进行选择。勤奋、负责、诚信、认真的个体更适合进行访问工作。此外，假如问卷设计涉及对某些专业内容的访问，那么选择具有相应社会学、经济学、政治学、教育学、马克思主义专业背景者作为访员更合适。假如涉及入户调研，那么一般由男性和女性搭配，女性主访，男性负责记录。特别是涉及婚姻、家庭等问题时，女性访员获得的应答率往往更高。假如涉及特定民族、宗教议题的问卷，那么由同一民族或具有相同信仰者担任访员往往应答率更高。在特定的方言区，拥有更强本地方言能力的访员也会获得更好的问卷回收结果。

在选择符合调研目标的高素质访员后，一般还会对访员进行若干次培训（至少一次），由问卷设计者为访员讲解本次调研的计划和目的，传授有关问卷发放和填答监督的基本技术，澄清每个问题及选项的含义。如有条件，可以在正式调研开始前进行一次模拟预调研，以方便访员熟悉整个流程，并及时修正在预调查中发现的问题。

除了选定访员，定量资料收集的重要环节还包括联系到被抽中的受访者。一般而言，假如是官方进行的调研，我们可以通过正式机构开具介绍信的方式，直接联系相关的学校、单位、社区，请他们提供方便，由此可以获得更大规模的样本和更高质量的资料。假如不存在这种便利条件，也可以直接联系当地的居委会、村委会等，恳求其提供相应的便利。当然，在符合相关法律法规的前提下，也可以直接与受访者联系，只是这种做法的应答率一般较低。

目前，随着互联网的日益发展，越来越多的问卷通过线上渠道，并利用"问卷星"等 App 进行发放。研究者在设计好电子问卷后，通过二维码或网络链接的方式发送给受访者。受访者在填答完毕后点击提交，研究者便可在云端回收问卷。这种做法的好处显而易见。首先，由于无须访员面访，其明显加快了问卷发放的速度，并降低了研究的成本。其次，其所获得的资料可以由问卷软件自动转换为 Excel 格式，便捷有效。当然，其也存在一定的不足，由于没有访员提醒，问卷中的问题很可能会被误读，受访者在填答过程中也更容易出错。此外，由于填答问卷的时间与利用手机进行其他各种活动的时间天然重合，因此受访者更不容易集中注意力，从而一定程度上降低了填答质量。

4.5　本章回顾

本章主要介绍了定量资料的优势和收集过程。总体来说，定量调研具有程序规范严格、结果清晰明确、反映总体特征的优势。完成一次合格的定量调研，首先需要设计一份优秀的问卷。问卷包括导言、填答说明、问题和结束语四部分，其中问题需要包括个体的基本信息和我们关注的主要调研内容。在对某次调研中个体主要关注的部分进行设计时，可以采用包括选择题、填空题、量表等多种操作方式。本章主要介绍了在其中应用最广泛的李克特量表。设计量表时，需要秉持多题测量多维度、单题提升辨识度、问题通俗易懂、答案奇数对称的原则，保证测量结果具有更高的可靠性和准确性。

在问卷设计结束后，调研的负责单位和人员需要针对目标总体确定抽样框并进行抽样；根据调研目的和对象的不同，可以采用更科学精准的概率抽样或更简便节约的非概率抽样进行操作。

最后是针对所抽样本进行问卷的发放和回收。互联网时代为问卷的发放提供了极大的便利，我们既可以通过简便高效的线上链接方式，通过微信等社交平台发放自填问卷，也可以采用更传统的方式组织访员进行电话或当面访问。假如采用后一种发放方式，则需要注意一系列的流程性要素：调研的负责单位和人员在挑选访员时要关注其本身的性格特质，也需要根据具体的调研要求因地制宜地进行筛查；而选拔好的访员需要进行统一培训及演练以使他们了解大致的调研流程。接着，访员可以通过正式或非正式的渠道联系受访者，并最终完成问卷的填答和回收；也可以根据研究问题和具体情况，选择使用更加节省成本的线上方式发放问卷。在抽样和问卷发放结束后，访员还需针对成功回收的样本进行质量监测，观察其应答率、作答质量及是否能在一定程度上代表总体。

随着世界范围内大数据时代的到来和我国数字化转型的进程不断加深，定量研究的可得资料和研究方法都处在一个"井喷"的时期。越来越多的数据类型和数据存量使当下成为社会科学历史上进行定量研究的大好时机。但伴随着这个机遇的是相当严峻的挑战：如何充分利用这些资料为调研目标服务，如何更好地结合各类别的数据发现问题和解决问题，需要我们真正沉下心去，脚踏实地，在每一次调研中不断积累经验、提高专业能力和素养。

第 5 章

捋资料，细分析：
全方位整理分析资料

我们的研究越是证明了特定概念之间的关系，我们就越有信心说明我们对现实的理解是正确的。

——艾尔·巴比　美国社会学家

调研资料的整理和分析是撰写调研报告的核心环节，为后续调研结论的分析和总结提供重要基础。根据第 3 章和第 4 章，我们收集的资料分为定性资料和定量资料两类，本章将先讨论如何整理和分析定性调研资料，然后讨论如何整理和分析定量调研资料。虽然不同类型资料的加工和分析方式存在差异，但要义都是基于对资料的全面把握进行整理和加工，运用一些统计归纳的方法提炼与调研主题相关的核心特征，从而促使我们得出稳健可靠的调研结论。

5.1　定性资料的整理分析：体察基层疑难，深入分析资料

相比而言，定量资料处理的核心是数据，通过一些数学计算方式获得基本特征和规律，其处理方式相对模式化；而定性资料处理的对象更复杂，因为获取的资料是一些调研参与者的语言文本、观察和图像的信息，这对资料的整理归纳提出了更高的要求。本节将对定性资料整理分析的一般步骤进行说明，主要包括对访谈和案例按照一定的顺序进行编码、从访谈和案例中提取概念，以及从资料中归纳总结共性特点、寻找差异等。

5.1.1 理案例，勤编码

从访谈和案例调研中获得的定性资料往往是凌乱、复杂的，对这些资料进行梳理是开展后续分析的基础。首先，我们应该尽可能地熟悉这些资料，并标注出访谈过程的基本信息，包括访谈时间、访谈地点、被访谈人员及其个人信息、访谈人员。其次，我们要对访谈内容进行整理，可以围绕访谈的核心主题、主要观点、关键问答和完整速记这几个部分进行整理，这个过程既能对资料本身进行清晰化和规范化梳理，同时也能帮助我们更好地理解获得的访谈资料。对案例的梳理也遵循相似的原则，案例往往对应着一个事件、一个地点。例如，在企业参与欠发达县域乡村振兴这个调研过程中，案例是企业在每个县域开展的乡村振兴工作。在每个案例中，我们会访谈包括企业雇员、当地企业家、农户等不同的主体，这些访谈资料分别从属于不同的案例。

在梳理完成的基础上，我们可以对案例和访谈进行编码。例如，在企业参与欠发达县域乡村振兴的调研中，我们访谈了五个地点的乡村振兴情况，那就可以按照调研的时间顺序或地域分布情况对这五个案例分别编码（如 A～E）。在每个案例地点中，我们访谈了几位关键的参与者。例如，在 A 县，我们访谈了一位挂职的企业人员、两位本地企业家、三位本地农户，那么可以先对不同的身份进行归类，企业人员对应 01，本地企业家对应 02，本地农户对应 03，因此，A 县访谈的企业人员 1 号可以编码为 A0101，访谈的第二位本地农户可以编码为 A0302。通过这种方式，我们将编码和案例、访谈对象的身份一一对应起来，这便于我们后续展开分析，并可以在不同案例、不同访谈对象之间进行比较。

5.1.2　提观点，找概念

在完成编码的基础上，我们要对获得的定性文本内容进行分析。在访谈过程中，我们记录的受访者的语言往往是口语化表述，而调研报告需要呈现的是书面化、清晰简明的文字，因此需要从访谈资料中提炼出受访者的核心观点。例如，我们在企业参与欠发达县域乡村振兴的调研中询问某一位农户："你认为 ×× 企业进入当地进行的乡村振兴带来了哪些帮助和变化？"获得的回答如下。

"以往村民售卖苹果需要拉到苹果交易市场去卖，卖苹果比较难。几十筐苹果要赶紧拉到镇上，路程 15 里地，还要排队等收购。收购商有定价权，比如说给价 3 块 8，还要排队等着被收，一天去了只能卖 3000 斤苹果。2020 年到镇上卖苹果，交易市场上全是苹果车，卖不上价，排队都要排到第二天下午，晚上下雨无吃无喝还不敢走。孩子回来之后推荐在淘宝上开网店卖苹果。刚开始没什么人，后来苹果质量好，积累起来了一定流量，每天晚上坚持直播，大概是 2020 年 9 月开始直播，每天在地里直播。电商企业人员来了之后帮助了我很多，提供了学习培训，让我不断在学习进步。一开始没有借鉴的地方，主要是自己摸索，看一下直播截图，儿子提供帮助，电商企业来了之后培训多一些。短视频一般都是夫人在拍，创意更多一些，视频裁剪方面更多是通过培训学习，有时候直接把原始视频发给儿子来裁剪。

"以前没有包装，都是用乱七八糟网上买的包装给客户发货。电商企业来了之后给免费设计了包装，发出去之后客户喜欢上了。包装箱非常漂亮，得到了更多客户认可，成了馈赠亲朋好友的好选项。今年销售要有 2 万斤，成熟之后采摘放在冷库，快递运输也是电商企业来帮忙建立的菜鸟仓。货每天装好之后，菜鸟仓的运输成本要低，还可以到家来拉货，不需要自己去送、邮寄了。运费比如市面上 9 块钱，本地就 7 块钱。6 公斤 7 块钱，3 公斤 5 块钱的样子。"

这一段话虽然字数很多，但我们需要从其中提炼出受访者的观点。第一是关于卖苹果的方式，从以往的到交易市场出售给收购商，到现在开网店、采取直播的方式；第二是在直播方面，受访者提到企业人员的培训在视频创意和裁剪方面对其提供了较大的帮助；第三是关于产品的包装、快递运输，企业进入之后更便利且成本降低。因此，我们可以从中提取两个受访者认为的帮助和变化的观点来回应前面提出的问题：一是企业帮助设计好包装，得到更多消费者的认可；二是快递运输更方便，并且运费降低。

在观点提取的基础上，我们需要根据调研问题进一步提炼出简洁明了的概念。在上述受访者的观点中，我们可以感受到企业的进入对当地农户销售的整个产业链的作用。这几个观点分别对应产业链的各个环节，包装是对产品本身的优化，网店直播是新型的销售方式，快递运输是物流和供应链的升级。因此，我们可以进一步对该受访者提供的信息进行提炼，企业进入带来的变化包括产品包装优化（产）、优化供应链和降低物流成本（供）、线上销售方式（销）。这样的概括方式更具有理论性和可推广性，也为其他访谈资料的分析提供了框架。

5.1.3　抓共性，找差异

在对访谈资料提炼观点、把握基本核心概念的基础上，我们可以对不同访谈对象、不同案例进行比较，寻找共同点，辨别差异并试图解释原因。通过抓取共性，可以识别不同访谈对象和案例之间普遍存在的特征，深入了解受访者共同的经验和观点，并从中归纳出核心结论。例如，我们从较多县域农户的访谈资料中了解到企业的进入为其提供了商品包装的优化、物流的提升等方面的改变，那就可以得出比较统一的结论，即该企业在欠发达县域的乡村振兴模式是对当地产品产业链各个环节的优化。

寻找差异是指我们需要关注到访谈资料中不同访谈对象或案例之间不同的观点、情况或模式，分析背后可能存在的原因。这有助于我们进行整体的比较，或者突出某些特殊的个案。针对不同案例之间的差异可以帮助我们进一步完善和优化核心结论。例如，我们在访谈中发现该企业在某个县域采取的乡村振兴模式主要是对当地农产品产业链环节的优化，但在另一个县域采取的帮扶方式是直接引入某些服务业产业的劳动力密集型环节，增加当地的就业岗位。进一步分析背后的原因，可以发现不同的帮扶方式与县域自身具备的资源禀赋有关，提升产业链的县域本身有较好的农业资源基础和农产品生产销售能力，而另一个引入产业环节的县域自身的农业产业资源较少，但是当地有丰富的留守劳动力，有就业需求。因此，通过这组明显的县域特征和企业帮扶模式的差异就可以进一步完善对企业在县域采取的乡村振兴模式的认知，得出企业在特定县域采取特定的帮扶方式的结论。

此外，对特殊案例的分析也较为重要，这能够丰富整个调研报告，使调研报告的内容更鲜活。例如，我们发现某县域的一位本地企业家在外来企业进入之前就已经开始了产业链的销售环节的优化升级，他在开办企业之前有外出工作的经验和视野，这使他率先开始在县域尝试用线上销售和直播的方式吸引消费者。此外，他冒着一定的风险投入了较多的资金来提升产品外观设计。相比其他农户和本地企业家更多是在企业进入之后才逐渐接受了新型销售方式，这位企业家是一个特殊的案例。他在企业进入之后并不是被动接受帮扶，而是主动与其建立合作关系，并帮助培训了本地的很多农户，起到了"带头人"的作用。这个案例体现了企业开展乡村振兴过程中的双向互动，为我们理解"企业—县域"的互动合作模式提供了新的思路。对于这种特殊案例，也可以以个案的形式放入调研报告，呈现差异性。

5.1.4 善其事，利其器

从前文的介绍可知，对定性资料的整理和分析需要投入很大的工作量。不过，现代计算机、通信技术和软件的发展可以大大提高处理这些资料的效率和效果。下面举例介绍有哪些技术工具可以帮助我们加工整理繁杂的定性资料。

假设某次调研的主题是消费者对某品牌产品的评价。为了得到真实的结论，我们会访谈一些消费者，并记录他们对该产品性能、外观、用户体验等方面的意见和观点。在这个过程中，我们会用到以下工具。

（1）笔记和录音文件：整理和准备好访谈笔记和录音文件，以便进一步分析。

（2）文本编辑软件：使用文本编辑软件，如 Microsoft Word，对访谈录音进行转录，将口头表达转化为可分析的文本。

（3）数据整理工具：使用数据整理工具，如 Microsoft Excel，将不同访谈的观点和意见整理成表格或清单形式，以便进行分类和分析。

（4）代码化工具：使用代码化工具，如专门的定性研究软件（如 NVivo、MAXQDA 等），创建代码库和主题标签，以便对资料进行编码和归类。

（5）主题分析工具：使用主题分析工具，如内容分析软件或文字分析工具（如 Leximancer、WordStat 等），对资料进行主题提取和关键词分析，揭示数据中的模式和关联。

我们可以根据调研课题的实际需求和情况选择上述可能会用到的定性研究工具。在使用这些工具和方法进行资料整理和分析时，我们可以根据调研目的和问题的特点进行适当的调整和选择；同时要注意将分析结果与调研背景、理论框架和实际情境相结合，提出准确、有洞察力的结论。

5.2　定量资料的整理分析：尊重地方实际，精确使用数据

定量资料的处理与定性资料有类似的地方，都要遵循清理资料、提取基本特征、进一步比较分析等步骤。

本节先对与定量资料相关的名词进行界定和解释。

（1）调查问卷

这是我们用于收集定量调研资料的常用方式，它是一系列问题的集合，问卷中可以包含各种类型的题目，如填空题、选择题（分为单选题和多选题）等。我们通过问卷了解参与填写者对某个特定领域问题的观点和认知。一般而言，一份针对个体的调查问卷会先询问个人基本信息，再围绕调研主题进行提问。

（2）调研对象

在定量资料收集过程中，将填写问卷的个人或其他观察单位称为调研对象。他们是直接介入调研的参与者，我们基于他们提供的信息对调研问题进行分析和推断。

（3）数据

数据是我们通过调查问卷从调研对象身上收集到的信息。在定量资料中，数据常见的表现形式就是一系列的数值或文字，它们是开展调研分析的核心资料，我们后续所有的分析和调研

结论的得出都是基于这些数据。

（4）样本

在调研过程中，由于资金所限，我们往往只能从符合要求的群体中选取部分个体或观察单位作为调研对象，样本就是从总体中选择的具有代表性的部分个体，通过对样本的分析来推断总体。

（5）变量

在调研中，我们按照调研意图用调查问卷询问调研对象的个人属性或特征和对某些问题的态度。问卷中的一道题目通常对应着一个变量的测量，变量是对现实进行抽象后形成的简洁概念名词。例如，我们询问一个人的收入情况，得到了一系列收入的数值，这道问题考察的就是收入这个变量。

在调研过程中，我们通常先设计好调查问卷，从总体中选取部分个体作为调研对象，向调研对象发放调查问卷来收集数据，并通过这些数据对样本的特征和属性进行分析，以获得对调研总体整体情况的判断。

接下来讲述分析定量调查数据的三个主要步骤。

5.2.1　清异常，定数据

数据清理是定量资料整理的第一个关键步骤，准确无误的数据才能为后续的分析提供扎实的基础。当我们通过问卷收集到数据后，通常来说，这些数据里往往会包含一些无效和异常的样本。例如，某道问卷题目出现了超出我们常识或笔误填错的结果，某些调研对象的填答过程比较草率，等等。对于这些无效的异常样本数据，如果在前期不进行清除或处理，直接和正常数据一起进行分析，会使分析的结果偏离实际情况，得出的调研结论不可靠。因此，我们需要判断数据的有效性，并对无效数据进行处理。具体而言，对数据有效性的判断可以分为对某一样本数据的有效性和对某一问题获得的数据有效性的判断。

首先，判断某一样本的数据是否可靠，主要可以采用以下几个原则。

- ✓ 调研对象的资质：从年龄、职业、地区等基本身份信息的角度检验调研对象是否符合调研的需求。例如，我们想要对某个城市地区的零工从业者进行调研，但是当某个样本选择的职业类型是农民时，那么这个样本就不符合我们的调研需要。

- ✓ 回答质量：对调研对象填写问卷的完整性、逻辑性等进行检验，如果出现明显的随机胡乱填写或缺失大量数据的情况，那么这份问卷可以被判断为无效。

- ✓ 反应模式：观察调研对象的回答模式是否存在明显的规律。例如，重复选择同一选项的趋势，这可能表明调研对象的回答存在问题。在实际的问卷设计中，我们可以增加一道"注意力测试题"（例如，指定某道题选择特定选项），来检验调研对象的填答过程是否经过思考。

✓ 回答时长：如果通过线上问卷的形式收集数据，可以借助问卷平台自身的功能对数据的有效性进行检验。例如，我们可以查看某个调研对象的问卷回答时长，如果时间过短，远远低于其他调研对象的回答时间，那么可以判断该调研对象的填写过程比较匆忙草率，其给出的回答的可信度较低。

其次，在样本符合基本要求的基础上，对某些问题的回答也可能存在一些无效的异常情况。判断针对某一问题获得的数据的有效性，同样可以采用以下几个原则。

✓ 完整性：对于某一问题中未回答的数据，可以考虑直接判断为无效。

✓ 常识性：当获得的数据违背常识时，我们可以认为这个回答是无效的，如出生年份在 1900 年之前、过高或负数收入等。

✓ 一致性和逻辑性：我们可以根据调研对象对相关不同问题的回答之间是否具有一致的逻辑来判断。例如，在某一份问卷中，调研对象的职业类型为农民工，但其户籍为城市户籍，这两个答案之间互相矛盾，表明两个问题的填答中必然有一个是无效的。

在确定无效的样本或问题数据后，研究者应该如何处理那些无效的问卷样本呢？有以下几种常规做法。

- ✓ 直接删除。当无效样本或问题数据的数量较少、对整体分析影响不大时，我们可以直接将其从整体分析的数据中删除。
- ✓ 重新采样。当无效样本的数量较多、在总数据量中所占比例较大时，可以采取随机抽样的方式，补充选取调研对象发放问卷来填补数据空缺。
- ✓ 填补缺失值。当某一问题的无效数据所占比例较大、影响统计分析时，可以取有效数据的均值（中位数、众数等）或其他方法来填补缺失值[1]，这方面的使用应当谨慎。
- ✓ 对于无效样本和无效的问题数据，在调研报告中应当对

1　插补法除了用平均值、中位数、众数替代之外，还有以下几种方法。①固定值填充。例如，对于未填职业的样本，用"无业"替换。②最近邻插补，用和缺失样本最邻近、相似度最高的 K 个样本的值加权平均后进行插补。例如，某企业在某年的产值数据缺失，可以用上一年或下一年的数据进行替代，也可以分别对邻近年份的数据赋不同的权重。③回归插补法，在数据缺失不多的情况下，可以通过建立回归模型来预测缺失值。④函数插值法，利用已知的样本构建插值函数。例如，知道缺失值前后两个样本点时可以采用线性插值函数。

其数量比例和处理方式进行汇报，以让读者了解数据清理情况。

通过判断无效样本和数据并进行针对性的处理之后，我们可以得到有效和可靠的样本数据展开进一步的分析。

5.2.2　做图表，明特征

分析定量数据的第一步是对每一个变量的特征、趋势进行单独的描述，以提取和总结基本的特征。

在此之前，我们要先对变量数据进行数值化处理，以便于后续展开数学计算和可视化呈现。简而言之，数值化处理就是将问卷的问题选项文本转化为数字。问题的选项通常都是一系列的文字。例如，有一道询问幸福感程度的题目，提供的选项是"非常不幸福""不太幸福""一般""有点幸福""非常幸福"五个选项。它们按照幸福的程度从小到大呈现，在分析时一种方式是可以近似将这五个选项赋值为1、2、3、4、5。数值越大，代表幸福感程度越高。这种赋值方式是人为确定的。另一种常用的方式是将这五个选项平均分布到0～100中，分别对应0、25、50、75、100。还有一种方式是赋值为-2、-1、0、1、2，负数代表不幸福，正数代表幸福，这种赋值方式更直接地反映了实际的幸福感程度。在分析过程中，我们需要尽量遵循相同的赋值方式，以保持整个调研报告的统一性。

在对变量进行赋值后，我们可以对其展开一些数学计算和分析。通常而言，我们会关注变量的以下几个特征。

第一是频数和频率，用于描述某变量中各个数值出现的频繁程度，这能够帮助我们迅速了解某变量各个选项的分布情况。例如，对于一道询问公平感程度的题目，我们通过计算频率能了解到有多少比例的调研对象，其公平感的程度是"公平"或"不公平"。

第二是变量的集中趋势，反映的是某变量数据集中程度的特征值，其最常用的测量指标包括众数、中位数和均值。众数是指数据中出现次数最多的一个数。中位数是将数据从小到大排序后选取中间位置的那个数。均值表示数据的平均水平，将所有数相加除以个数可得。

第三是变量的离散趋势，指的是某变量取值的差异程度。以收入为例，我们在了解某一群体收入的平均水平之外，还希望了解个体之间或群体之间的收入差距，即收入较高的一些人和收入较低的一些人之间的收入差异程度。离散趋势的常用衡量指标包括极差、标准差和方差。极差是指变量中最大和最小数据之差，标准差是指某变量中各个数据与平均值之差取平方、求和、除以数据个数后再开方。方差是标准差平方后的结果。

对这些变量基本特征的计算能够让我们了解各变量的分布

规律和趋势。然而，在调研报告中呈现一连串的数字，对于读者领会调研对象的特征并不友好。因此，我们最好使用图表的形式展现不同变量的特征，给读者直观清晰的感受。一方面，我们可以用表格将不同变量的频率分布、集中趋势和离散趋势的数值列举出来，读者可以对变量进行比较，这样能够一目了然；另一方面，更常用的方式是利用画图的形式进行呈现，即可视化。

接下来介绍几种常用的统计图及适用的变量类型。

（1）柱状图 / 条形图

柱状图通常用长方形的色块展现数据的频数或频率分布情况，是最常见的一种图。条形图是横向的柱状图。这类图能够对某变量中各个数据出现的频数或频率进行描述，最常用于单项选择题中各个选项分布情况的呈现。例如，公平感中"非常不公平""比较不公平""不好说""比较公平""非常公平"五个选项各自比例的分布就适合用柱状图依次呈现，柱子越高，代表比例越大。读者能够清楚地从图中把握选择人数最多和最少的一类。另一类常用条形图的题目是多选题，在呈现时最好对每个选项的选择比例从大到小进行排列，以向读者呈现各个选项的比重大小。

（2）折线图

折线图用线段连接各个数据点，通常用来呈现某变量随着时间的变化趋势。当调研数据涉及多个年份时，我们就可以将同一变量在不同年份的集中趋势或离散趋势用折线图呈现，通过整体的线条走向对变化趋势进行描述。

（3）饼图

这类统计图将一个圆盘划分成扇形，每个扇形的角度对应变量的各个数据的比例。我们通常用饼图来刻画类别变量的分布，如男女性别比例的分布等。

在分析顺序上，我们通常先针对调查问卷中个人信息类的题目进行描述，这有助于我们对调研对象的总体情况进行把握，如性别分布、平均年龄和不同年龄组的分布情况、户口和地域分布、受教育程度情况等。在把握调研对象特征的基础上，我们再对调查问卷中围绕调研主题的问题进行分析。例如，如果对某企业员工的工作满意度进行调研，那么我们就可以依次对每一道与工作满意度相关的题目进行描述，了解员工在各个方面的工作满意度情况。

5.2.3　分组别，做比较

对变量单独的描述只能了解调研对象总体在各个维度上的分布特征，我们还希望了解不同特征的群体在某个维度上的差异，或者是一组具有相关性的变量在频率、集中趋势和离散趋势等方面的差异。因此，这部分将介绍定量调研资料分析中的关键环节，并进行比较。

比较主要可以分为两类：第一类是以某个变量的类别为基础，考察不同类别在另一个变量的描述性结果有何差异；第二类是针对整个样本，同时将相关的一组变量进行比较。

对于第一类比较，第一步是确定比较对象和比较维度。比较对象包括不同群体、不同地区等，也可以结合调研问卷的实际问题进行分类。例如，接受过培训和没有接受过培训的电商这两类群体。在确定了比较对象后，我们就要选择比较维度，即不同类别对象的差异。例如，接受过培训和未接受过培训的电商这两类群体的线上销售额是否有差异，线上销售额就是比较维度。

第二步是比较分析，我们可以通过各个描述性指标和描述类图表对不同类别调研对象在某个变量上的特征进行呈现。例如，我们针对电商培训和电商线上销售额之间的关系，可以通过柱状图的方式分别画出未接受过培训和接受过培训的电商的销售额平均值，并对这两个柱子的数值进行比较，可以判断电商培训是否会对电商的销售额产生影响。除了比较平均值，我们还可以比较不同的调研对象在某变量的各个选项上的分布情况。

第二类比较在调研活动中也比较常见，即对一组相关变量进行比较。例如，我们对县域劳动者回到家乡从事数字化工作产生的效果进行调研，通过一组题目了解数字化就业人员生活的变化。我们询问了"您在养育子女方面投入的时间是否有变化""您陪伴和照顾父母／公婆的时间是否有变化""您每个月给父母／公婆的经济支持是否有变化"等与家庭关系相关的题目，这些题目的选项是从"显著减少"到"显著增多"共五个维度。这些题目就适合放在一起进行比较，以呈现数字化就业对哪一项家庭关系的影响最大。具体而言，通常可以使用柱状图或条形图画出各个变量的均值或选项的分布情况，并按照从大到小的顺序进行排列，以清晰地呈现哪个变量的总体均值更高。

当前，上述定量资料的清理和分析方法都是在计算机、手机等现代信息技术设备和软件的辅助下完成的。除了常用的办公软件如 WPS、Microsoft Word、Microsoft Excel 之外，专业统计分析和数据处理软件如 SPSS、SAS、Stata、R、Python 等也已经成为定量研究和分析必不可少的工具。对这些工具的熟练使用需要投入大量时间学习和练习。目前对这些工具的介绍和学习资料非常丰富，感兴趣的读者可以查找专门的图书或互联网上的资料了解和学习。

5.3 对调研资料的综合分析：点与面、质与量、因与果

费孝通先生对社会调研资料的分析有一些精彩的总结。他

提出，对社会调研资料的分析可以从"点与面""质与量""因与果"三个方面进行。"点与面"涉及事物的独特性与普遍性、共性与个性之间的联系，"质与量"在分析阶段表现为定性与定量之间的联系，而"因与果"则是我们关注的重点。

首先，一般情况下，各种调研方法收集的资料都是局部的，而调研者的任务是需要整合局部资料以反映整体情况。如何从特殊的个别调查结果中获得对普遍的社会现象的认知，是重要的研究目标。我们可以通过对收集的资料进行分类，根据事物的共性将相同的事物归类，以达到对整体的认识。

其次，通常来说，定性方法侧重于对事物的性质方面进行全方位、历史性、有跨度的考察，而定量方法通常是在某种性质规定下表现事物的数量特征和数量关系。因此，在进行定量分析之前，我们通常需要先进行定性分析，再通过量的表现加深对事物性质的理解。这两种方法是相辅相成的，我们在事物分析过程中不能偏废任何一种方法。

再次，要对社会事物形成完整、正确的认识，有效的方法就是要了解与这个事物相关的社会现象之间的因果关系。费孝通先生在对调查资料进行分析时，特别重视对因果关系的分析，他相信这才是调研者最关心的内容。他指出，因果关系并不简单，社会现象之间存在普遍联系和相互制约，因果关系的表现非常复杂。确定社会现象和事物之间的因果关系，不能仅凭一些表面的偶然联系。他还指出，人的主动性和创造性是导致这种因果复杂性的根本原因，这也是社会科学研究与自然科学研究的本质区别所在。在体悟和观察社会现象时，我们应时刻将"人"本身置于问题的中心，从而更好地理解社会行为。

总之，社会调研资料分析是一个涵盖点与面、质与量、因与果关系的综合过程。通过定性分析和定量分析，我们可以更好地认识和理解社会现象，揭示其内在联系和因果关系，从而实现社会调查和研究的最终目标。

5.4　本章回顾

本章介绍了处理定性和定量调研资料的基本步骤，尽管两者的资料类型存在差异，定性资料以文字为主，而定量资料以数据为主。

对定性资料的处理，首先要对纷繁的文字资料进行归纳整理，按照时间、访谈对象等分门别类，为后续的提炼总结奠定基础；其次要从不同的文字表述中提取出观点和概念；再者对相似的观点进行归纳总结，对不同的观点进行比较。

对定量资料的处理，首先需要对异常值、缺失值进行清理，形成整齐、便于开展数学计算和分析的样本；其次要根据不同类型的变量，通过统计图的方式描述和展现数据的特征；再者根据研究需要，比较不同类别调研对象的特征并通过图表呈现。

通过对定性资料和定量资料的处理，抽象的数字和复杂的文字得以转化为简单明了的结论。资料的处理有两个要点：一要遵循标准的流程和步骤，比如在分析之前清理数据；二是在分析过程中要结合不同类型数据和资料的特征，并时刻牢记调研主题，将资料的分析整理和调研结论的归纳总结紧密结合，让数据的处理真正为调研服务。

社会调研资料分析是一个涵盖点与面、质与量、因与果关系的综合过程。通过定性资料和定量资料的综合分析，我们可以更好地认识和理解社会现象，揭示其内在联系和因果关系。

第 6 章

谋好篇，布好局：
酝酿和撰写调研报告

文采是来自思想，而不是来自辞藻。

——巴尔扎克　法国著名作家

没有调研，没有发言权。前文介绍了调研资料的收集、整理和分析，这些调研资料构成了我们"发言"的条件。但是，要形成高水平的"发言"，除了要对调研资料进行"去粗取精、去伪存真、由此及彼、由彼及里"的分析，还要有逻辑地写作。调研报告就是条理化"发言"的呈现。一般来说，由于调研报告的写作是我们和调研资料深度互动的结果，写作也多少带有主观色彩，会因调研者的写作特点而有所区别。但是，写作实践还是有一定的规律可循，尤其是调研报告这种相对固定的文体，其基本遵循立好意、定好题、理思路、搭架子及用资料的过程。

6.1　立好意，定好题

调研报告的整理、分析和撰写在实践中并不一定是按先后顺序开展的，而是有可能相互交叉进行的。也就是说，整理和分析过程就会开始撰写，而在撰写过程中必然需要整理和分析资料。所谓调研报告就是针对某个情况、事件或问题，将所有调查情况进行"去粗取精、去伪存真、由此及彼、由表及里"的分析研究，找到规律，总结经验和发现问题，最后以书面的形式呈现出来。也就是说，调研报告是将调研发现进行主次有序的逻辑化呈现。而不管哪种形式的报告，或者其他类型的文字形式，都是从想法和思路开始的，这就是报告的立意。

6.1.1　立好意

古人云："文者，意为先[1]。"任何文章都要有立意，立意就是文章的魂。尤其对于文学作品而言，立意占有极为重要的分量，其高低往往决定了一部作品能不能成为传世佳作。那么，何为立意呢？对于"立意"一词，我们可以从名词和动词两个角度来理解。名词的"立意"是指一篇文章所确定的文意，也就是文章的基本思想，是从文章分析的角度而言的；动词的"立意"是指确立和表现文章基本思想、宗旨和大意的过程，是从写作的环节而言的。不论怎么说，立意很重要，是文章的核心，是文章写作和组织资料的"指挥部"，整篇文章都要围绕立意来充分展开。

那么，如何立意呢？

对于调研报告而言，立意就是对调研资料进行整理、挖掘、提炼、升华、构思的过程，该过程往往反映了作者对某现象的认识、知识积累及评价等。虽然不同文章的立意不同，甚至相同的素材有不同的立意，但是好的立意一般具有明确、集中、新颖等特征。

1　清·王夫之《姜斋诗话》卷下。

所谓明确，是指对某些现象的态度或对研究问题的回答是比较明确的。调研的目的就是要对某个现象或问题表明态度或给出比较明确的答案，而不能做出模棱两可的回答。

所谓集中，是指全文的立意是聚焦的，而不是发散的。如果将文章视为一棵大树，那么立意就是这棵树的主干。

所谓新颖，是指报告的立意要有新意，具有独特性和创新性，而不是重复别人的观点或发现等。

除了这些特征，立意还需要在调研资料的基础上实事求是，符合现实和相对客观。总之，对于调研报告而言，立意很重要，要想得到好的立意，需要花费很多努力和心思，需要好好琢磨锤炼，就好比孙悟空的火眼金睛只有在太上老君的炼丹炉中经过七七四十九天才能练就。

调研报告的立意和调研主题密切相关。调研主题往往决定了立意的方向，而调研主题往往是根据工作需要、上级部门安排等确立的，所以现实中的立意往往受到多方面，如上级安排、工作、经费等的影响。虽然如此，但并不意味着立意具有随意性，调研和在调研基础上的立意要在既有的约束条件下追求客观、科学的精神。一般来说，调研资料是立意的基础，其一方面是立意的来源，另一方面也保证了立意相对明确和客观。但是，只有调研资料并不够，还要在调研资料上"更进一步"。"更进一步"就是对调研的数据和资料进行分析、整理、归纳、比较和凝练。只有经过这个过程，才能对调研资料进行"抽丝剥茧"，形成立意。恰恰这一步相对较难，因为其不仅要求作者熟谙调研资料和熟练掌握处理资料的技术，还要求作者具有"大处着眼，小处着手"的宏观和微观把握能力。由于本书前面章节具体论述了调研资料收集、分析和整理的方法，这里不再赘述。总之，立意是高强度的整理思维和形成看法的过程，是作者围绕主题对那些杂乱无章的调研资料和凌乱思维进行整理和升华的过程。

从实际操作来看，调研报告的立意有多重来源，大体包括以下几个方面。

其一，调研团队共同讨论确定。一般来说，调研活动是以团队为单位开展的，他们围绕相关主题进行数据收集和访谈，并在该过程中发现问题和形成认识，经由讨论来立意。

其二，根据调研报告需求方来确定立意。调研活动一般是依托机构开展的，这些机构试图通过调研活动分析某事项的运行情况，进而得到客观的答案。既然如此，机构的调研需求就成为形成调研报告的主要方向，也就成为立意的关键。尽管作者在收集、整理和分析资料中坚持科学精神，但不可回避的是需求方的意见直接影响着作者立意的方向。

然而，从写作情况来看，初写报告者往往容易出现两类错误。一类是"下笔千言，离题万里"。这类错误的特点是作者已经立了意，并且确定了主旨，但由于没有梳理清楚分论点，或者觉得调研资料都能和核心论点粘上边，对资料不加甄别和去粗取精地写进报告，最终导致论证不足，甚至跑偏。另一类是"眉毛胡子一把抓"。作者往往觉得资料是自己辛辛苦苦调研来的，要充分运用，就尽可能地放进调研报告，导致什么都写了，但是什么也没写清楚，最后成了调研资料大杂烩。

针对这些问题，唯一的办法就是聚焦。如何聚焦呢？一般来说，就是根据调研目的锁定一个核心问题，围绕这个核心问题进行思考和立意，并整理资料和组织写作。一些报告撰写人可能会觉得自己有很多主题要写，而且只有将这些主题都写入调研报告才能完全表达自己的想法，展现自己的发现。即使这样，也要有对资料进行去粗取精的过程，并将各块内容进行有序安排和深入分析，不能眉毛胡子一把抓，不然不仅会让调研报告显得庞杂，而且分析也是蜻蜓点水。

总之，调研报告写作的关键是立好意。立意就是在繁杂的调研资料和调研目标中不断寻找和深化调研主题的过程，这决定了报告的标题及篇章结构。而立意的方法就是综合调研方需求和调研主题，对调研资料去粗取精和抽丝剥茧。

6.1.2　定好题

主题往往是形成标题的前提。标题一般比较具体，所谓标题就是用精练的语言将调研报告的核心内容表达出来，是对主题的凝练。通过对主题的凝练，有助于进一步明确调研报告的结构。

我们知道，标题是文章的"眼睛"，是对调研主题、立意和文章框架的高度概括，具有点睛和吸引读者的作用。因此，标题既要简洁，又要醒目和生动。一般来说，好的标题要明确以下几方面内容。

第一，调研对象。调研报告的标题要向读者明确你研究的对象是什么，让读者能够一眼看出你的研究对象，并且能够快速地在脑子里形成第一印象。

第二，调研主题／事由。调研主题／事由就是告诉读者你为什么做这个调研，调研的目的是什么。

调研报告的标题往往是调研报告主题的体现，有单标题和复标题两种形式。单标题是只有一行的标题，如"关于××的调研报告"，这种标题一般是表明作者明确的观点，或者点明报告的主题范围。复标题是包含主标题和副标题的标题形式，如"人才不能外流——某地某部门人才问题的调查研究"，主标题表明作者鲜明的观点，副标题表明调查的主题和范围。还有类似于"流动还是留下？——某地区流动人口的迁居调查"，主标题通过设问的方式来展现作者对问题的核心态度，副标题则展示报告主题和范围。当然，不论哪种形式的标题，一般都要注意以下几点：一是标题要与报告主题吻合，让人一看到标题就能清楚地了解这个报告的大概内容；二是标题要具备较强的吸引力，设问式标题往往比描述式标题更吸引人；三是文字要简短、一目了然，过于冗长的标题不仅让读者费解，而且让人觉得作者的概括能力不足。

6.2　理思路，搭架子

在立好意和定好题后，就要着手构思和建立报告的整体框架了。所谓理思路是指在对调研资料进行系统和整体性思考的基础上逐步形成写报告的主线，以此来组织资料。这个过程就好比建筑设计师绘制一张建筑图纸，在绘制前，脑海里大体有一个绘制思路和方向，是中国传统风格，还是欧式风格。不同思路指导下建成的房子会十分不同。所以，理思路的过程也就是作者结合主题、立意和调研资料整体思考要修建一套什么样的"房子"，这是调研报告的整体图示，构成作者准备和组织各类资料的指导，避免调研资料和作者的整体思路不匹配。

整体上看，理思路是为调研报告建立一个整体的方向。虽然如此，但并不意味着这个过程会很简单。其实，在实际操作中，理思路的过程不仅复杂，而且艰难。因为这需要调研者对各类资料进行比较、筛选和辨析，整体要经历去粗取精、去伪存真、由此及彼和由表及里的过程。只有在对各类资料进行深入辨析的基础上，才能理清思路，形成整体性把握。

理清思路后，就要开始搭架子了。所谓搭架子就是确立调研报告的框架和基本结构（第 7 章还会详细介绍），通过这个框架向读者呈现报告的论点，进而有序地组织调研资料。搭架子的过程就好比修建房子的"四梁八柱"，哪里需要打地基，哪里需要搭梁建柱，哪里需要修承重墙，都要清清楚楚，以此来让房屋稳健。依托这个框架，调研者也就能有重点、有逻辑地组织调研资料，撰写调研报告。

具体地说，搭架子的操作分为以下两步。

（1）确定报告的类型

前文讲到报告有不同类型，不同类型的报告决定了其写作结构、方式和风格不同。这就好比修建房子前要确定房子的建筑方式一样，究竟是修建砖混结构的、砖木结构的，还是修建钢筋混凝土结构的。一旦房屋的类型确定了，建筑方法也随之明确。

（2）确定报告的"四梁八柱"

从操作化的角度而言，调研报告的"四梁八柱"就是一级、二级和三级标题，各级标题之间要有逻辑和层次关系。由于各级标题共同构成了调研者组织调研资料的依据，所以调研者要对资料进行深入理解和细致分析，进而确定谁做一级标题，谁做二级标题。这个阶段通常犯两个错误。其一，就是不分主次。将那些偏离主题和核心思路的次要内容放在核心位置，就好比现代房子的承重墙需要钢筋水泥来建，却用了木材，其承重能力自然不行，甚至会坍塌。其二，资料错用。资料错用是指将调研资料放在错误的位置，这不仅不能佐证作者的观点，甚至会影响整体论证。

6.3 厘论点，整资料

至此，我们逐渐理清了调研报告的思路，也搭建了调研报告的框架，接下来就是按照框架展开论证和组织资料了。所谓论证就是按照报告的主论点和分论点进一步进行阐释。一般来说，调研报告的主论点和分论点是高度概括的，这些概括可能只有调研者才能理解。但是，读者由于没有参与调研，理解起来相对困难，这就需要作者使用各类资料加以阐释，以使论点有理有据。

显然，进一步阐释论点的关键在于资料的运用，用什么资料，怎样用资料就成为论证的关键。一般来说，调研报告的资料来源于调研，我们深入基层收集的数据和案例资料构成了调研的主要资料。除了这些资料，企业生产数据、会议记录、简报、行业情况、地方志等都可以作为调研报告的资料。总之，大量的一手资料和二手资料构成了调研报告的基础和前提。这只是第一步，占有资料并不意味着作者就能自然展开论证，有些资料需要借助一定的统计软件和分析方法才能实现条理化。所以，经过归纳、比较和分析后的资料才能条理化，才能具备辅助论证论点的能力。具体如何分析资料，本书第 5 章已介绍了定性资料和定量资料的处理原则及方法，在此不再赘述。

在调研报告写作中，一些研究者为了体现自己调研的深入和资料的翔实，往往会陷入一个误区，就是试图将所有资料都放入调研报告中。这不仅会导致报告冗杂，还会冲淡整个报告的主旨。为了避免这个误区，就需要对资料进行科学的处理和恰当的运用。而这是一套系统工程，要在主题框架的指导下运用科学、严谨的方法对各类资料进行深入分析。一般来说，整合和运用资料要坚持三个原则：精、准、新。

第一，精。

我们要选择那些与主题及框架密切相关的资料来支撑全文的核心论点和分论点，只有如此才能将论点精准地论证出来。所以，这就要对资料进行比较、辨析和筛选。如何做呢？

首先，要熟谙资料。在撰写调研报告前，我们需要开展深入的实地调研或资料研读。这是一个熟悉和理解资料的过程。只有在对资料深入理解的基础上，才能围绕主题和核心思路筛选资料。

其次，要去粗取精。调研资料一般较为零散，我们要依据主题和框架对资料反复进行归纳、分析和比较，挑选那些和立意相关的资料，舍弃那些与主题关联性不强的资料。

第二，准。

我们使用资料要准确，这包括两个方面的意思。

一是资料来源要准确。对于调研资料，要标注调研的时间和地点；对于引用的数据和资料，要详细标明数据来源，做到有据可查。资料来源的准确性不仅是向读者展示资料真实可靠，也是对所引资料的作者的尊重。

二是使用资料要准确。要使用那些能一针见血地说明论点的资料，让读者一看到资料就能领悟到我们要表达的核心观点，或能够依托资料进行延伸性思考。

第三，新。

一般来说，调研报告是对当下某些现象和主题开展的调查和研究的文字呈现，具有时效性。时效性的核心就是调研报告的资料是否新颖，虽然有些地方是引用历史性的资料和数据，但其指向也是当下的。对于量化数据来说，要尽可能地使用当前最新的调查或统计数据进行分析；对于定性资料而言，要尽可能使用实地调研的一手资料。通过对最新资料的分析和运用，一方面能及时地把握某种现象的发展现状，另一方面也能为各部门提供有效参考，使其及时调整相关政策。

6.4　本章回顾

本章从写作酝酿和规划的角度刻画了撰写调研报告的基本思路和方法，整体上要经过立好意、定好题、理思路、搭架子及用资料的思维过程。其中，立意是调研报告的核心，题目是报告的"门面"，思路是报告的"经脉"，框架是报告的"骨架"，恰当的资料是"血肉"。只有经过这个过程，才能将报告写得丰满、生动和形象，才能将调研发现逻辑化和体系化地呈现给读者。其实，大多数文体的写作都是这样一个实践过程。

第 7 章

举其纲，张其网：
调研报告的基本结构

一篇完美的作品，如果细细分析，在结构上必具备下面的两个要件：第一是层次清楚……这许多要说的话，谁说在先，谁说在后，须有一个层次……第二是轻重分明……轻重犹如图画的阴阳光影，一则可以避免单调，起抑扬顿挫之致；二则轻重相形，重者愈显得重，可以产生较强烈的效果。

——朱光潜　美学家、文艺理论家

调研报告是集调研、资料分析和写作于一体的系统性工程，再加上不同类型的报告有不同的问题和侧重点，这就要求作者有驾驭不同文体的能力。例如，政府类调研报告偏重调研问题和对策，企业类调研报告重视统计数据和图表，学术类调研报告重视方法过程和分析逻辑，等等。虽然不同类型调研报告的写作方法不同，但很多报告正文的结构总体上是总—分—总的沙漏型结构，一般包括四部分，即引言、调研点背景介绍、调研发现、总结经验或政策启示，作者要在这四个方面做好工作。除了正文内容，完整的调研报告还包括正文前面的首页（包括题目、报告作者、撰写时间、联系方式等）、目录和摘要，以及正文末尾的参考文献和附录等，这些内容将在第 8 章加以详细论述。

下面以清华大学社会科学学院县域治理研究中心在 2022 年撰写的《欠发达县域数字化就业价值研究报告》为例，向读者呈现调研报告的正文部分如何写作。

7.1　引言

所谓引言，就是引出话题或主题。就好比我们举办一场讲座，主持人在开场前一般会对讲演者做简单的介绍，一是暖场，二是让听众了解讲座的背景和缘由。对于调研报告而言，引言的作用有三：其一，向读者呈现撰写该报告的历史和现实背景，告诉读者为什么要写这个报告，以及该报告的意义；其二，介绍该报告的调研对象及方法；其三，整体介绍报告的写作思路。总之，通过引言，让读者对报告建立整体观和全局观，能从整体上把握报告。这里以《欠发达县域数字化就业价值研究报告》（报告全文参见附录2）的引言为例进行分析。

扫码阅读附录

　　在国家全力推进乡村振兴和数字经济的战略背景下，数字产业化、产业数字化就成为全面实现乡村振兴战略的新动能。2022年1月4日发布的文件《中共中央国务院关于做好2022年全面推进乡村振兴重点工作的意见》明确指出要扎实有序做好乡村发展、乡村建设、乡村治理重点工作，推动乡村振兴取得新进展、农业农村现代化迈出新步伐。

　　县域是城市和乡村的纽带，是我国长期以来政治、经济、社会目标的基本执行单元。县域面积约占全国面积的93%，县域人口占全国人口的74%，包含我国大部分的农村人口。然而，县域经济总量只占全国GDP的53%。原因在于当前我国的县域发展面临不平衡、不充分的问题，存在较多欠发达县域。尤其是在中西部地区，这些县域受产业发展落后、人口外溢、乡村空心化等问题困扰。因此，推进欠发达县域的乡村振兴是国家乡村振兴战略的核心与关键。县域乡村振兴的基本手段是产业振兴。在数字化技术发展的背景下，产业振兴的新动力则是以数字化为基础的新兴产业发展。在新冠肺炎疫情的大背景下,以数字化为基础的新兴产业为县域提供了新的就业机会,有助于提升劳动效率、增加县域居民的收入,从而留住县域人才为当地发展提供动力,显著加快县域乡村振兴的步伐。

为响应国家号召,阿里巴巴集团依托企业资源、品牌、技术等优势,与政府合作开展公益性欠发达县域支持计划,积极服务于国家的乡村振兴战略。2021 年 5 月 17 日下午,阿里巴巴集团宣布"阿里巴巴脱贫基金"全面升级为"乡村振兴基金",将从科技振兴、产业振兴和人才振兴三个方向推进实施"热土计划",在政府的推动引导下,与社会市场协同发力,在"十四五"时期融入全面推进乡村振兴的强大合力中。

2021 年 12 月—2022 年 2 月,本课题组在参阅大量资料和数据的基础上,选取河北省邢台市巨鹿县和张家口市张北县这两个欠发达县域开展了深入调研,通过座谈、访谈、问卷调查等手段收集了一手资料。本课题报告在两地调研的基础上,围绕阿里巴巴公益项目探究数字化技术对县域就业机会和就业环境带来的影响。

《欠发达县域数字化就业价值研究报告》的引言介绍了三方面内容。第一,该引言介绍了研究报告的宏观背景。作者在报告的前两段指出县域在乡村振兴中的重要地位,并进一步阐述在数字化背景下如何通过数字赋能推动县域发展成为关键议题。第二,该引言介绍了阿里巴巴积极履行社会责任,从县域的实际发展难点，结合自身优势成立阿里巴巴乡村振兴基金，从科技振兴、产业振兴和人才振兴三个方向推进，助力县域的乡村振兴。第三，该引言也介绍了调研者的研究方法和整体思路。从整体上看，该引言的逻辑遵循了从宏观到中观、再到微观的过程，逐渐突出报告的主题，即企业是如何积极参与乡村振兴的。课题组基于这样的背景开展经验总结，并详细呈现了调研的方法。

通过引言，读者能初步了解该报告的写作背景、缘由及调研方法，进而建立对报告的整体认识。

7.2　调研点背景介绍

在介绍完宏观背景和研究主题后，可以适当介绍调研点的情况，以便于读者对调研点建立整体认识。例如，《欠发达县域数字化就业价值研究报告》在介绍调研点背景时，通过数据和图表等方式呈现了河北县域（主要是邢台市和张家口市）的特点，认为当地的主导产业是农业，具有农业资源优势，但也存在产业化程度低及发展不均衡的问题。

为了进一步让读者理解河北县域的情况，调研者将其与河北省的百强县及全国县域的整体情况进行比较，从而明确调研点在全省和全国的结构性位置。经过比较，调研者认为虽然调研点和其他较发达县域的差距在逐渐缩小，但存在人口规模小、产业发展程度低、教育资源不足等问题，这些问题正是企业助力其发展的着手点。

虽然调研报告要对调研点进行介绍，但并不是面面俱到地介绍，而是要围绕主题展开，在围绕主题的基础上尽可能地全面，以使读者整体上勾勒出调研点的情况，为其深入理解报告做好铺垫。不过，这部分内容并不是所有报告必需的。有些报告并不详细介绍调研点的情况，而是在前面引言或背景介绍中简要提及，或者干脆把对调研点的介绍放到报告末尾的附录中。

7.3 调研发现

调研发现是调研报告的核心内容。所谓调研发现是指调研者在经过深入研读资料、实地调研、比较分析的基础上得到的整体性概括和结论。通过整体性概括，能使读者提纲挈领地把握调研主题。最理想的调研是调研者长时段地深入参与到实际工作中，在实际工作中发现调研点存在的问题，然后系统地总结出来。但是，由于调研时间、调研经费、调研主题及实践的复杂性，调研者开展的调研往往围绕某个特定的主题展开。因此，其调研发现也是围绕既定的调研主题阐述的，通过凝练的语言高度概括调研发现。

一般来说，调研发现大体分为两种：一种是发现问题类，另一种是总结经验类。所谓发现问题类，就是在调查、比较和分析的基础上提出其发展中存在的问题，进而有针对性地提出政策建议。所谓总结经验类，就是通过调研对某些重要或典型的经验做法做出总结，进而得到启示，以便于其他地方学习。

在"欠发达县域数字化就业价值研究"项目中，调研目标是总结作为企业代表的阿里巴巴如何在欠发达县域开展数字化就业项目，以及在实践中探索出哪些重要的可借鉴和推广的模式。经过深入的调研分析，调研者发现阿里巴巴数字化就业帮扶项目是通过"3个过程、4大价值和3种模式"，即"343"体系助力欠发达县域发展的，如图7-1所示。

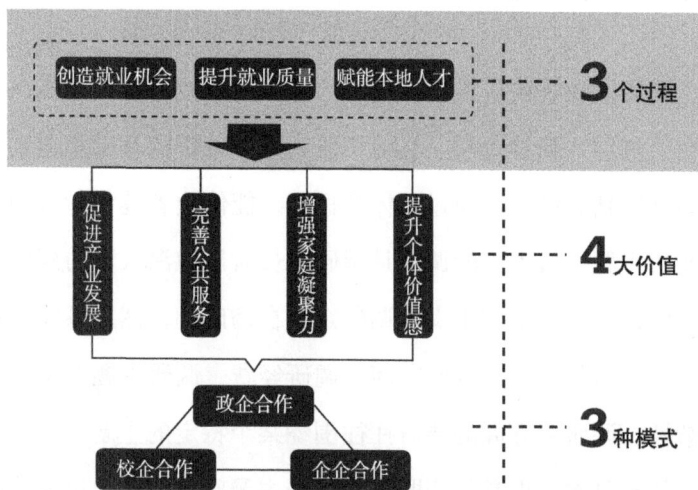

图 7-1 阿里巴巴助力县域发展的 "343" 体系

其中，"3 个过程"是指阿里巴巴通过推动本地产业的数字
化转型、建立数字客服中心和建设数据中心等方式，为当地创
造就业机会、提升就业质量、赋能本地人才；"4 大价值"是指
阿里巴巴数字化就业项目促进了欠发达县域的产业发展、完善
公共服务、增强家庭凝聚力及提升个体价值感；而上述过程和
价值是阿里巴巴通过推动政企合作、校企合作、企企合作 3 种
模式实现的。

很显然，调研发现是调研者在深入调查、比较和分析的基
础上进行的逻辑化、体系化和凝练化的概括，通过这些概括能
使读者提纲挈领地知道调研主题的核心特征及存在的问题。但
必须强调的是，调研发现并不是凭空想象，而是要有翔实的数
据和资料的支持。没有这些资料，调研发现是不会让读者信服
的。在《欠发达县域数字化就业价值研究报告》中，研究团队
综合运用数据、图表和案例等方式详细论证上述调研发现，使
其比较有说服力。

7.4　总结经验或政策启示

这部分主要是针对调研发现做出针对性的回应。前文将调
研发现分为发现问题类和总结经验类。对于发现问题类，政策
建议就是要有针对性地提出解决问题的对策，以便于相关部门

制定有效的发展政策；对于总结经验类，就是要总结调研点的经验做法及内在机制，以便于其他地方学习。还是以《欠发达县域数字化就业价值研究报告》为例来分析，该报告在深入分析的基础上进行了总结。

阿里巴巴数字化就业项目在欠发达地区通过助力本地产业的数字化转型、建立数字客服中心和建设数据中心三种方式为当地的青年提供了大量就业机会，并且通过培养数字化人才、提升当地的中小学教育质量和提高职业教育水平等途径培养了一批本地高素质人才。创造就业机会，提升就业质量，赋能本地人才，这三个重要过程对县域发展起到了重要作用，促进了县域产业的高质量发展，提升了本地的公共服务水平，增强了县域家庭的凝聚力，并且为县域青年的个体价值实现提供了渠道。

阿里巴巴的数字化就业项目也为企业帮扶欠发达县域提供了一种可借鉴、可参考的模式。这种模式包括三个内核，即"政企合作"模式从资源的利用效率出发，充分结合企业的灵活性与政府的硬件优势，切实为县域创造就业机会；"校企合作"模式通过对教育环境的改善以及对职教学校的赋能，注重培养数字化人才，优化未来的数字化就业环境；"企企合作"模式则通过对县域生态链企业的扶持，在实现企业本身发展的同时，为县域的产业振兴做出积极贡献。三种模式并驾齐驱，政府、大企业、当地中小企业和学校等主体共同参与到县域数字化振兴的过程中，为县域发展带来积极效果。

该报告用两段话高度概括了阿里巴巴参与乡村振兴的做法，并总结了阿里巴巴在实践中形成的政企合作、校企合作和企企合作三种模式。通过这三种模式，不仅为欠发达县域创造了就业机会，也提升了就业质量，还培育了本地人才。

7.5　本章回顾

本章呈现了调研报告正文的基本结构。一般来讲，调研报告正文包括以下几部分，即引言、调研点背景介绍（可选）、调研发现、总结经验或政策启示，这几部分整体上遵循从宏观到微观，再从微观到宏观总结和启示的逻辑。通过这样的呈现，不仅能让读者建立对调研主题的整体认识，还能在这个整体认识下深入具体细节，了解调研主题存在的问题或经验模式，进而逻辑性地提出针对性建议。尤为重要的是，调研报告的这几部分要十分重视数据和资料的支撑，只有建立在翔实数据基础上的调研报告才能立得住，才能让读者信服。

第 8 章

明目标，定类型：
不同类型调研报告的撰写方式

义贵圆通，辞忌枝碎。

——刘勰　南朝文学评论家

前两章已经介绍了调研报告的立意布局和基本结构。然而，在不同的应用场景下，调研报告的特点、要求和写法具有一定的差异。调研者只有认识到这种差异，才能写出更有针对性的调研报告，读者才能满意。这就好比做菜一样，虽然核心食材和烹饪过程是相同的，但不同地方的厨师会结合各地的地域特色及人群特征进行适度调整，进而形成具有地方特色的菜品。因此，本章主要介绍调研报告在政府、企业和学术三种应用场景的撰写方法。

8.1　政府类调研报告怎么写

政府类调研报告是政府或智库等相关研究人员针对某种现象或某个事物进行深入调查，对调研资料进行仔细研究，揭示某种现象或某个事物的本质特征、基本规律及存在的问题而形成的书面文稿，其目标是为政府决策提供依据，其受众主要是参与政府研究、决策的相关人员，有时也面向一般的社会大众。一般来说，高质量的政府类调研报告具有以下特征：其一，报告的形式规范、结构完整、资料翔实；其二，报告的内容要有问题、有分析、有办法；其三，写作风格上，要求逻辑严谨、文字简洁、语句凝练。

8.1.1　定类型：找准政府类调研报告的定位

根据调研报告具体目的的不同，政府类调研报告大致可以分为总结经验类、揭示问题类及综合调查类。[1]

（1）总结经验类

这类报告是根据某个地方或某个单位的突出成绩或特点，对其进行经验总结以树立榜样，以此推动相关工作的开展。例如，对某地社会治理方式方法成功经验的总结，某企业助力乡村振兴典型模式的总结，等等。在开展新工作时，很多单位普遍会畏难或迷茫，就需要有正确的示范和榜样进行引导；在某项工作结束时，涌现出来的先进典型需要扶植和适当宣传，这类总结经验的报告能够发挥其应有的作用。但是，总结经验类报告需要真实地反映先进典型，不能因为要宣传先进典型而夸大或捏造事实，也不用回避在调研和总结过程中发现的一些问题。如果出现扭曲事实和过于以宣传为导向的结论被读者识别，那么这种推广效果可能会得不偿失，甚至适得其反。

（2）揭示问题类

这类报告反映的是现实生活中具有倾向性、普遍性的问题。报告分析其危害，揭露其根源，以期引起有关党政部门或全社

1　调研报告分类的标准是多元的，可以按照调研主体、调研方式、调研目的和功能等来划分。此处政府类调研报告类型是按照调研报告的目的划分的，下文中企业类调研报告和学术类调研报告类型的划分也主要采用这个标准。

会的关注和重视，最终提出解决问题的办法。例如，目前大学生心理健康问题的原因分析、民营企业产业转型升级动力不足的原因分析，等等。这类报告一般是按照"提出问题—分析问题—解决问题"或"是什么—为什么—怎么办"的思路展开，分析要引人入胜，抓住事物的本质，而不能只看到事物的表层；需要透过社会现象看到本质原因，由此提出建议对策，做到真正的对症开药方。

（3）综合调查类

这类报告一般反映基本现状，让读者了解某个领域或现象的基本状况，进而为开展下一步相关工作提供方向和思路。因此，这类调研报告一般较细致和广泛，需要将某个领域的问题介绍全面、仔细。因为这很可能是政府部门决策的依据，或社会大众了解该领域情况的来源。较经典的综合类调研报告是毛泽东的《中国社会各阶级的分析》，这篇报告从当时中国共产党革命事业的最迫切需求出发，通过综合调查研究呈现了当时中国社会各阶级的分类、政治倾向及政治态度，从而为中国共产党制定政治斗争策略指明了方向。

政府类调研报告的选题往往直面现实具体的社会问题或社会现象，然后对这些问题或现象进行理性的分析；必须坚持以人民为中心，发现群众面临的真问题，反映群众的真实意见，总结群众创造的宝贵经验；其出发点是为政府工作提供决策建议，落脚点是解决经济社会生活中的具体问题。因此，选题必须紧扣现实工作需要，坚持问题导向，重在发现问题、分析问题、解决问题。

根据上述报告类型的不同，政府类调研报告的呈现方式也比较多样，一般有以下几种呈现方式：总结经验类——"主要做法＋成效＋启示"；揭示问题类——"存在问题＋原因分析＋对策建议"；综合调查类——"基本情况＋主要成绩＋突出问题＋对策建议"等。这些调研报告的呈现方式主要取决于其调研目的和内容的不同。如果调研目的是针对某一社会现象的基本情况介绍，让读者对该现象有基本的了解，那么可以使用常见的递进式的呈现方式：国际国内基本情况—调研发现问题—问题原因分析—相关对策建议。例如，主题为"××市农民工基本情况的调查"，那么通过问卷调查或访谈座谈等方式收集数据后，使用这种递进式结构能够让读者对农民工有基本的了解，发现其中存在的问题，并针对性地提出相关建议对策，或者开展主题更加宏观的调研。

并列式结构一般适用于非常具体、聚焦的社会问题的调研。这种调研报告往往需要深入地描述该问题的某些具体方面，尤其要注重分析情况并提出相关的解决对策。例如，"××市农民工社会融入问题"这个主题聚焦于××市农民工在城市的社会融入问题，调研报告要列出农民工在城市的居住、出行、娱乐、社交等方面的问题，每个问题都需要进一步分析，虽然不用面面俱到，但要能够深入分析，以并列式的结构呈现出来。

但是，无论递进式还是并列式，政府类调研报告在文风上都追求通俗易懂，较少甚至不用一些生僻的学术词语，更不用将这些问题上升到学术理论的高度和深度进行讨论。政府类调研报告的受众主要是政府决策、研究人员或社会大众，他们一般更关心具有实践意义的问题，而对学术理论问题兴趣不大。

8.1.2　分结构：让政府类调研报告变得清晰

根据前文提到的政府类调研报告结构分为递进式和并列式，我们将详细介绍这两种报告结构的组成部分，展示其具体结构内容和写作的注意事项，并通过举例加以说明。

无论哪种结构的报告，都需要有明确的主题，或者要回答明确的问题。主题或问题是调研报告的灵魂，调研报告所有的内容都是紧紧围绕主题或问题展开的。

主题一般有三个来源：一是抓住人们普遍关心的问题；二是现实生活中迫切需要解决的问题；三是那些已经有一定苗头或倾向性，但又尚未引起人们重视的问题。因此，主题具有三个特征：普遍性、紧迫性和新颖性。主题是否有价值决定了调研报告的意义和价值。主题说明一般出现在报告的开篇，调研报告要开头介绍主题内容，并简要介绍调研过程和目标，然后引出正文。在主题之后，递进式和并列式就各有各的结构呈现方式[1]。

在递进式报告中，开篇主题之后是基本情况。基本情况介绍对现状做简单描述即可，将整理好的调研资料按照某种逻辑顺序陈列展示。基本情况之后是相关问题，即从基本情况里总结出相关问题。从相关问题开始，调研报告的价值逐渐明显。一篇分析力强的报告必须精准地指出现状中存在的问题，这些是后续分析原因和提出对策建议的基础。接下来的分析原因和提出对策建议需要一一对应，即针对某个原因提出一个相应的对策建议。

山东省人力资源服务业发展调研报告[2]

山东省人社厅

人力资源是生产要素中最有活力和创造力的要素，是国内外竞争的第一资源……为推动人力资源服务业转型升级，省人社厅组成调研组，先后赴烟台、潍坊、济宁等地进行实地调研，并学习借鉴了上海、江苏等先进省市的先进经验，研究形成该报告。

一、当前国内人力资源服务业发展的最新趋势

---

1 这两种调研报告结构呈现方式的划分也是相对的。在实际操作中，可能出现两种结构相互套用的情况。也就是说，递进式一级内容下面可以以并列方式呈现二级内容，而并列式一级内容下面也可以以递进方式呈现二级内容。

2 山东省人民政府政策研究室. 山东省政府系统优秀调研成果选编（2016年度）[M]. 北京：中国经济出版社，2017：87-99.

......

二、山东省人力资源服务业发展现状

......

三、存在的问题及原因分析

......

四、加快山东省人力资源服务业发展的对策建议

......

从结构上看，这篇政府调研报告是较典型的递进式。前言阐述了该调研报告的目的和方法，从具体描述人才服务业的宏观趋势到分析山东省的具体发展现状，指出目前该行业存在的问题并分析其中的原因，最后提出相关的对策建议。这种四段式是递进式报告中的常见结构，一般是针对较宏观、宽泛、浅显的主题领域。另外，这种结构可能会因为主题类型或政府部门层级不同而有所差异，有些调研报告可能会有五段式，有些可能表现为三段式或两段式。

关于推进山东省乡村旅游规模化发展的调研报告[1]

山东省旅游发展委

围绕乡村旅游规模化发展问题，省旅游发展委员会、省政

1　山东省人民政府政策研究室. 山东省政府系统优秀调研成果选编（2016年度）[M]. 北京：中国经济出版社，2017：280-291.

府研究室组成联合调研组，到省内部分地市进行了实地调研，到四川、浙江进行了考察学习，其间与相关部门负责同志和部分从业人员座谈交流，了解情况，分析问题，借鉴经验，结合我国台湾地区乡村旅游精准交流成果，初步厘清了推进我省旅游规模化发展的方向和思路。

一、规模化发展是乡村旅游转型升级的必由之路

......

二、浙江、四川乡村旅游规模化发展的经验做法

......

三、我省乡村旅游规模化发展的薄弱环节

......

四、推进我省乡村旅游规模化发展的重点任务

......

五、加快乡村旅游规模化发展的对策建议

......

这篇政府调研报告的结构为五段式，先强调了乡村旅游发展转型的必要性，介绍其他地区乡村旅游发展的经验，然后指出本省内部存在的问题，提出政府的要求，最后提出改进的对策建议。其实，我们通过类似的研究可以发现，在政府类调研报告中，有些只针对本地区的调研往往采用的是四段式，而如果加入了其他地区，可能就会在结构上进行调整，增加相关内

容。另外，在提出政策建议之前，还有与此相对应的目标作为最后提出对策建议的来源之一。相比而言，四段式的对策建议则来自对现状问题的分析。增加的结构是因为调研需要，或者是调研主题更加宏大。如果调研问题更加微观，则报告结构可能更加简短。

关于做好重大项目策划储备工作的对策建议[1]

淄博市政府研究室

2016 年以来，市委市政府将重大项目列为"十个新突破"之首，建立指挥部工程制，推行"一线工作法"，实行"月调度、月通报、月排名"和每季度观摩点评，推动重大项目建设取得突破性进展。但是，高水平项目策划不够、储备不足的问题逐步呈现……为此，市政府研究室专门到有关部门和部分区县、企业进行调研，重点研究分析重大项目策划储备中的问题，有针对性地提出对策建议，以资借鉴。

一、重点问题分析

（一）项目自身问题

……

（二）策划储备问题

1　山东省人民政府政策研究室. 山东省政府系统优秀调研成果选编（2016 年度）［M］. 北京：中国经济出版社，2017：202-207.

......

（三）项目主体问题

......

（四）政策支持问题

......

（五）要素制约问题

......

（六）服务环境问题

......

二、对策建议

（一）以创新发展的思路做好项目策划

......

（二）把技术改造项目作为项目建设的重中之重

......

（三）以更大的改革成效作为吸引项目建设的"试金石"

......

（四）把招商引资作为项目策划储备的"源头活水"

......

（五）提高经济园区对项目资金的吸引力

......

（六）建立后评价和容错机制，激发干事创业热情

......

这篇政府调研报告探讨的是重大项目策划储备工作的对策建议，因此其结构为两段式，即先分析重大项目策划储备工作存在的问题，然后针对性地给出对策建议。这种报告在政府调研中也较常见，一般出现在较聚焦的主题调研中，如 ×× 问题分析、×× 经验推广等。这些报告一般聚焦到某个具体问题，围绕该问题直接阐述分析。

在开篇介绍主题之后，并列式的调研报告直接列出观察到的问题，在每一个问题中进行原因分析，并且提出对策建议；或者直接给出相关对策建议，这种并列式呈现出的问题，其形成原因和对策建议各有不同，使这些问题能够单独成段，即问题与问题之间是明显的并列关系。并列式的写作方式有助于更加深入呈现问题的各个方面。下面再举一例。

从德国、以色列经贸活动看创新与跨国公司合作模式[1]

山东省商务厅

7月9日至16日，郭树清省长率团成功访问德国、以色列……期间考察了德国、以色列6家世界知名企业，与各大公司高层谋划面向未来的全面合作……与每家公司的合作都是一

---

1 山东省人民政府政策研究室. 山东省政府系统优秀调研成果选编（2016年度）[M]. 北京：中国经济出版社，2017：410-416.

个小故事，也是极具代表性的典型案例，对于我省实施新一轮高水平对外开放，创新与跨国公司合作模式，拓展与世界500强合作的广度和深度，具有重要的借鉴和启示意义。

一、加强高层之间战略对接，扩大利益契合点，是深化与跨国公司全面合作的重要基础。

二、政府统筹资源，企业市场化运作，是解决重大项目落地并可持续发展的现实路径。

三、引入第三方保险企业，降低项目风险，是实施重大技术创新项目的可靠保障。

四、推动现有跨国项目转型升级，是促进我省产业迈向中高端的有力抓手。

五、引资、引技术、引智有机结合，打造与跨国公司互利共赢的产业生态圈，是提升我省智能制造水平的关键举措。

六、推动与跨国公司合作，设立海外创新平台，通过"逆招商"增强项目对接成功率，是创新招商模式的有益探索。

七、瞄准跨国公司跨界经营迅速发展，推进"产业链+"合作，是放大招商引资综合效益的可行方法。

八、理念创新不断引领科技创新，是促进精细化招商方式的有效途径。

这篇报告的主题是介绍与跨国公司合作的启示，目的是总结经验，因此采用分条陈述的并列结构。可以看到，其中每个小标题都可以独立成段，这种结构有助于全方位总结好的经验做法，并提出相应的对策建议。

8.1.3　辩证法：使政府类调研报告有"调"有"研"

政府类调研报告可以在调研开始之后进行起草，起草时间因人而异。有些人偏向于在调研过程中就开始写作报告，然后随着调研的推进逐渐将调研资料补充进报告中。这种写作方式基本是提前确立了报告提纲，只需要将收集到的资料填充进提纲中，就可以形成调研的内容。这种写作方式的好处是能够快速完成报告撰写，调研结束就能完成报告的初稿。而且，这种写作方式的工作量相对较少，基本省去了整理资料的时间。但是，这种写作方式对调研者的考验更大，调研者需要在调研的过程中完成调研和写作两项工作，而且大量的研究思考工作其实在调研之前就完成了。

还有一种写作方式是等到调研结束，调研者将调研过程中收集到的数据整理分析之后才开始动笔起草报告。这种写作方式往往是因为调研课题的任务相对较大，或者调研者认为只有了解清楚调研资料后才能开始写作。

无论哪种写作方式，都要做到有"调"有"研"。"调"是指报告要有实质性的论证资料支撑，有非常具体的社会现象或数据支撑，将这些调研资料与写作报告提纲相契合或对接，从这些资料中选取与调研主题和报告提纲相关性较强的内容。在有"调"的基础上进一步分析问题现象，抓住事物的本质，才能写出合格的报告。一般而言，大多数政府类调研报告是有"调"有"研"，但"研"得深不深、准不准、全不全、透不透就存在很大的差异。如果只是轻描淡写或空发议论，或人云亦云，这些从本质上看都是无"研"的表现。毛泽东非常善于开展调研和写作报告，他曾经提出的16字标准——"去粗取精、去伪存真、由此及彼、由表及里"，对于报告是否有"研"很有启发意义。我们在此基础上提出两条操作性更强的方法，在政府类调研报告写作中更实用。

（1）结合定性和定量分析

定性分析是指对事物的性质、特点及走向进行分析研究；定量分析则是指通过数据来推演分析，用数量关系揭示事物的本质特征。调研报告中要兼顾定性和定量分析，如果只有定性分析而没有定量分析，则会显得说服力有限；如果只有定量分析而没有定性分析，就会显得烦琐而枯燥。

（2）辩证地看待问题和分析问题

调研者在整理分析资料时可参照前文提到的16字观点，用辩证的眼光，切忌片面性，防止只看到正面，忽视了负面；防止只看到矛盾的地方，而没有看到统一的地方；不能只看到主流的资料，而忽视非主流的资料。只有这样，才能做出更加准确的分析。

通过这两种资料分析方法，可以使报告在有"研"的基础上做到观点更加鲜明和准确，更加有灵魂。调研报告在观点鲜明的基础上还要做到观点新颖，这是调研报告的核心价值。一篇调研报告可能会根据调研资料呈现很多观点，但至少有一两个具有新意的观点，这也是开展这项调研的关键意义所在。当然，有可能很多观点是人所共有的，这时需要我们进一步发挥智慧：人无我有、人有我优、人新我特。即使是对某种已知观点的再现，也可以用比较特别的方式表达出来，或者用更加独特的资料进行论证，给人产生耳目一新的感觉，从而使报告更具有说服力，并且在新颖性上更突出。

8.2 企业类调研报告怎么写

企业类调研报告是根据企业经营发展中的需求，通过深入调查研究，为企业利益相关者提供市场、行业信息的文稿，对回答和解决企业在发展中面临的问题具有指导作用。例如，企业对所处产业的调研，通过走访多家企业，调研产品、设施、人才、管理，访谈企业高管，了解企业整体规划和发展蓝图；访谈技术人才，了解产品和技术等专业问题；访谈行政部门主管，了解行业政策、产业发展需求；访谈专家学者，了解行业动态、相关研究。本节主要介绍企业类调研报告的结构和内容、写作特点和要求、撰写方式和注意事项等。

8.2.1 应用性：企业类调研报告的类型与构成

相对于政府类调研报告和学术类调研报告，企业类调研报告的针对性和应用性更强，往往立足于解决企业发展中的具体问题或提高企业管理的运营效率。

根据报告性质和调研对象，我们可以对企业类调研报告做出不同的分类。

从报告性质上看，企业类调研报告可以分为综合报告、专题报告及说明性报告。

综合报告的作用是反映整个调研活动的全貌，详细地阐述调研活动背景、过程、方法、基本结果和结论发现。

专题报告是针对某个具体问题而撰写的。例如，关于解决数字人才流动性高的问题，调研要以数字人才的视角回应和理解其流动性高的原因，然后提出针对性的策略。专题报告的内容往往聚焦一个具体的问题，较为深入和详细。

说明性报告也叫作技术报告，用于对调研过程中的许多技术问题进行详细说明。例如，在市场调研过程中使用的抽样方法、样本加权处理的方法、相关变量的统计方法、数据分析的方法等，通过这些说明证明调研活动的科学性，进而肯定调研结果的客观性和可靠性。

从调研对象上看，企业类调研报告一般分为内部管理调研报告和外部环境调研报告。

内部管理调研报告主要围绕企业生产管理方面，需要通过调研了解当前的企业状况，找出企业生产管理中存在的问题，然后分析其中的原因，最后提出相应的对策措施。内部管理调研报告中较有名的是霍桑实验的调研报告。1924—1932 年，美国哈佛大学教授梅奥在芝加哥的西方电器公司霍桑工厂进行了一系列实验。起因是该工厂具有较完善的娱乐设施、医疗制度及养老金制度，但是工人们依然感到愤愤不平，生产成绩不理想。为此，以梅奥为代表的学者们在该工厂开展了一系列实验，最终写成报告、得出结论。该研究成果不仅对霍桑工厂有实质性的助益，而且对于管理学理论有重大突破意义。

外部环境调研报告是通过对企业所处的社会经济环境进行调查研究形成报告，基于此对企业的组织结构或产品结构进行调整，从而使企业更好地适应社会的发展。经济社会学有一个非常有名的学术概念——嵌入性，由匈牙利经济学家波兰尼提出。他将人们认为的经济学概念进行两种意义的区分：实体的意义和形式的意义。实体主义经济学对形式主义经济学的批判是建立在嵌入性命题之上的，强调如果没有必要的经济过程赖以生存的社会条件概念，就不可能有合理的经济理论。实体主义认为，经济过程一般是嵌入在社会关系中的，这种嵌入是不可避免的，能够保证经济秩序的运行。因此，作为市场经济中重要主体的企业，除了需要时刻关注市场环境和行业环境，还需要关注其所嵌入的社会环境或社会关系的现状及变化。

企业类调研报告需要解决企业和利益相关者面临的问题，帮助企业决策者理清当前的经营困惑，认清并掌握当前市场的动态，从而为解决实际问题制定正确的决策和提出切合实际的方案。企业类调研报告也可以发现市场、行业中的相关问题。另外，一份好的企业类调研报告对相似的企业或市场问题具有良好的借鉴意义，要么其收集的数据能够被作为二手资料多次使用，要么因其问题具有较广的普遍性而被其他组织借鉴。

虽然不同类型的企业类调研报告有着不同的目标，但总体而言，它们都要遵循并体现客户的要求，根据真实的调研数据反映客观情况，提出建设性意见或展望市场、行业前景。在语言、数字、图表等方面，企业类调研报告也具有一些特点和要求。

在语言运用方面，企业类调研报告要尽量做到严谨、具体、简明、通俗，避免"可能""也许""大致"等较含糊的词语，同时也要避免使用"完美""百分百"等特别绝对化或表示完满的词语。另外，企业类调研报告在选择形容程度的词语方面要准确且谨慎，例如，"显著增长"还是"有所增长"，这些形容词的差别较大。如果能有具体的数字，最好用具体的数字替代，尽量做到严谨和精确。在叙述具体的事实情况时，企业类调研报告要力争言简意赅、通俗易懂、凝练生动。

数字是企业类调研报告主体中的重要内容，在这种报告中频繁使用数字是不可或缺的。调研报告在使用数字时应遵循以下几个原则：一是规范性，即调研报告的数字要符合报告的规范，尤其是客户的需要；二是一致性，即调研报告中的数字要保持一致性，例如，数字中的小数点统一保留两位数，或者对数值过大的数据统一表述为 1.5 万或 1.5×10^4，或者使用汉字和数字要统一。但是，数字运用要防止数字文字化，不能让调研报告到处都是文字，要学会运用对比法表达数字，通过纵向或横向比较反映数字自身的发展变化。运用化小法表达数字。有时数字太大，不容易被理解和记忆，我们就可以把大数字换算成小数字以便于记忆。例如，2022 年我国国内生产总值为 121020000000000 元，而表达为 121.02 万亿元更便于读者理解和认识。

图表是相比数字更加形象的表达方式，能够更加直观地呈现数据分析结果并有助于读者理解。因为图表往往具有感官上的冲击力，能够直接展示统计信息的总体状态、趋势或比较关系等。图表在展示数据方面有以下三个作用：一是增加数据的可读性，将复杂的数据简单化；二是突出重点，通过颜色或字体进行特别设置；三是艺术性，必须考虑到读者的欣赏习惯和审美情趣，这是企业类调研报告中较特殊的一点。企业类调研报告的图表按照形状可以分为饼图、条形图、线形图、直方图、雷达图、散点图等。每种图表都有其优劣势，需要根据数据的特点进行展示。除了统计图表之外，还有地图、框架图等相关图片在企业类调研报告中也较常见。

地图用于展示与调研内容相关的地理区域位置，如调研地图、对比地图等。另外，将数据赋在地图上的做法则更加有效、直观，这样合成的数据地图能将地理位置相关的属性、指标直观地反映出来，是一种较好的数据呈现方式，能帮助读者直观、感性地快速理解数据。这种数据需要用不同的颜色或不同形状的标记物反映不同地区的属性，同时使用颜色的深浅反映指标数值的大小，或者在地图中的每个位置加上柱状图或饼图来反映指标值。

框架图是与调研报告概念或组成部分相关的图片，形成框架图容易让读者理解相关概念和事物之间的关系。地图或框架图都是有助于将报告中的复杂信息简单化呈现的工具，一般要放置于与此相关的数据下方。图表表示或传达的关系类型包括六种：成分、排序、时间序列、频率分布、相似性和多重数据比较。图表类型需要根据报告正文所要表达的内容加以选择。例如，表示构成比例时，可以用饼图或柱状图；表示时间变迁时，使用折线图或柱状图；表示两个数值的关系时，可以使用散点图；表示三个以上数值的平衡时，使用雷达图；对数值进行横排比较时，使用柱状图；表示排序关系时，则可以使用柱状图或条形图。使用图表时要明确图表所要表达的内容，必须在每张图上清楚地注明标题、数值单位、数据出处等。图表制作可以遵循五步法：确定图表要表达的主题和目的，选择合适的数据制作图表，确认图表是否有效、真实、完整地展示数据，检查图表是否契合报告的内容。

8.2.2 三段式：企业类调研报告的结构分析

企业类调研报告是个人或组织根据企业要求的特定问题，科学系统地设计、收集、整理、分析与之相关的调研资料，最后将调研结果清晰、有逻辑地呈现出来的成果形式。其撰写得好坏，很大程度上决定了整个调研工作的质量。

企业类调研报告的结构主要分为三部分：前言部分、主体部分、附录部分。

前言部分

前言部分包括标题、授权书、目录、摘要等内容。

（1）标题

标题是报告给人的第一印象，一个好的标题能够让读者了解报告的基本信息，且能够激发读者对报告的阅读欲望，具有较强的吸引力。标题要做到高度概括，且精确地反映报告的主旨内容。如果标题过于简明，可以通过增加副标题来补充说明。在具体确定标题时，我们可以采用以下三种形式。

第一种是直叙式标题，这类标题反映的是调研意向、调研主题、调研地点等内容。例如，"2023 年中国数字经济时代人才流动报告"这种标题简明客观，是目前调研报告使用较普遍的标题形式。

第二种是观点式标题，即直接表述调研报告中最核心的观点或看法，或者对调研主题进行判断或评价。例如，"高频数据监测显示 8 月工业经济回升势头加快"这个标题在表明调研主题的同时，直接给出了调研的结论，让读者能够迅速获得报告的核心观点。

第三种是提问式标题，即设置设问或反问等形式，突出调研主题的焦点和争议。例如，"民间借贷：良药还是毒品"这种标题更能激发读者的阅读兴趣。让读者带着问题阅读报告，有助于提高报告的影响力。

（2）授权书

授权书一般出现在比较正式的调研报告中，因此不是每个企业类调研报告都必须提供，其内容主要是简要地总结受委托项目的全部执行过程（但不提调研结果），表明该调研工作和报告"师出有名"。此外，授权书还可以建议授权方开展进一步行动，例如，对调研中遇到的问题采取相应对策，或者对某些问题需要再进行调研。

（3）目录

目录是整篇调研报告的检索部分，便于读者了解调研报告的结构和快速检索想看的部分。如果调研报告的页数较多，我们应该将报告的一、二、三级标题作为主要纲目并附上页码，作为目录呈现出来。

（4）摘要

摘要是整篇调研报告的浓缩版。调研报告的读者如果是企业管理高层人员，他们往往工作繁忙，只能先阅读摘要部分，然后根据需要在报告中寻找进一步阅读的内容。因此，摘要应以较小的篇幅概括整个报告内容，包括调研时间、地点、对象、调研内容、调研实施的方法及调研结果。其中最重要的是介绍报告的核心观点或创新性的观点，这是报告的核心价值体现。摘要的写作一般是在报告主体部分完成之后进行。

主体部分

主体部分一般要依据调研提纲设定的内容逐渐展开，是整个调研报告的核心构成部分，其中包括引言、正文、结论及建议。

（1）引言

引言又称为导论或导语，是调研报告正文的前置部分，其内容是简明地介绍与调研相关的背景情况，或者通过某个现象提出整篇报告的引子，为正文的写作进行铺垫；一般可以简单地介绍调研的目的、时间、地点、对象及方法等内容，以此引出正文部分。常见的引言写作形式有简介式引言、概括式引言及交代式引言。

（2）正文

正文是主体部分的核心，包括在调研中收集到的且经过筛选的事实资料，以及对这些资料的分析、归纳、论证。从结构上看，正文是引言的扩展，是最终结论的依据。企业类调研报告正文的写作形式与政府类调研报告的写作形式相似，分为纵向递进式和横向并列式。纵向递进式是根据调研主题，将调研资料按照层次分明的逻辑顺序呈现出来，可按照现状问题、原因分析、结论建议等结构顺序来组织，也可按照调研事件的起因、发展、结局等时间顺序展开。横向并列式是将调研内容分为若干个与主题紧密相关的问题，每个问题内部可以再细化为更小的问题。同级主题之间的关系往往是并列的。这种写作形式呈现的观点鲜明，让读者能够看到每个问题的具体情况。另外，也有少数调研报告综合了两种写作方式，互相穿插嵌套，组织安排资料。这种写作方法一般是在论证过程中使用纵向递进式，在结论建议部分采用横向并列式。

（3）结论建议

结论建议是调研报告的结尾部分。调查研究最终要"研以致用"，因此必须坚持结果导向。结论是通过前文的分析论证推导出的结果，提出的对策建议或改进措施要切实可行、有操作性。这部分能够让企业管理者更加明确调研报告的主旨内容，加深对主题的理解，并且启发企业管理者做进一步的思考和联想。

结论建议部分的内容主要包括以下几个方面：

第一，概括全文，即综合说明调研报告的主要观点；

第二，形成结论，即经过对资料的深入分析得出最终结论；

第三，提出对策建议，即根据对现有问题的分析和委托方的实际情况，提出具体且可行的对策建议；

第四，说明不足和展望未来，即说明本次调研中存在的不足及今后需要改进完善的地方，通过调研分析展望未来前景。

附录部分

附录部分是附在调研报告正文后面、与正文有关的参考资料，或者更详细的专题性说明。这是非必需的部分，其内容主要包括收集资料时使用的调查问卷、访谈提纲，整理资料中的典型案例、统计图表及说明、旁证资料、调研团队和调研点的说明，以及其他必须说明的问题或事项。

8.2.3　五步法：企业类调研报告的撰写过程

在了解清楚企业类调研报告的类型特点和结构后，我们有必要再阐述一下企业类调研报告的具体撰写过程。我们将其总结为五步写作法。

（1）确定调研报告的主题

任何一篇调研报告都有明确的主题，即调研过程中需要回答的核心问题。要完成调研报告，就要明确调研工作中的基本目标，并且报告的题目必须和调研主题一致，这样才能对调研资料做到有的放矢。主题是报告的灵魂，调研报告的主题是否明确、清晰，决定了报告是否真正有价值，以及这种价值的大小。

（2）选取必要的数据资料

企业调研过程中一般都会收到较庞杂的信息，但是这并不意味着所有信息都有用。那么，在撰写报告的过程中，报告起草人需要做好筛选工作。数据资料在收集时往往是混乱或粗浅的。要真正能放入调研报告中，有些数据资料还需要进行筛选，通过统计软件分析。在选取必要的数据资料时，要确保数据资料的真实性和切题性。在报告撰写过程中，要紧紧围绕报告主题筛选数据资料，而不是简单地整合资料，总结出一篇报告，那样可能会使报告偏题主题，缺乏针对性，给读者带来困扰。

（3）拟定报告提纲

如果说报告主题是报告的灵魂或心脏，那么提纲就是报告的骨架。初步列出调研报告的主要架构，提纲越细，说明作者对调研资料和主题掌握得越深入、越具体，思路越清晰，那么在撰写报告的过程中就越顺手。当然，报告的提纲并不是一成不变的，作者在具体的报告撰写过程中可以根据相关需要对报告进行调整，只要不影响报告的主体架构和内容即可。

（4）撰写报告初稿

筛选和分析数据资料、拟定提纲都是为撰写报告初稿做准备。撰写报告初稿是把相关资料填充到提纲的骨架中，使报告更加饱满。撰写报告初稿时，要做到主次分明、主题突出，不能把所有的资料都堆砌在报告中，而是要按照一定的逻辑顺序有条理地将其组成一篇完整的报告。

（5）修改完善报告

高质量的调研报告要经历从初稿到修改、再到最终定稿的多重打磨，这是一个对报告内容进行加工、提炼、归纳、概括的过程，同时也是在格式和表达上进一步完善的过程。此外，在报告初稿完成后，如果有些数据或资料发生了变化，作者也要对报告进行相关修改。

8.3 学术类调研报告怎么写

学术类调研报告往往针对的是具有现实和理论意义的社会

问题开展的研究活动。学术性和理论价值是学术类调研报告区别于政府和企业类调研报告的重要特征。一篇好的学术类调研报告最好能够围绕一个比较重要的学理性问题展开。不过，对于某些新近出现的社会现象或问题，能够全面而深入地描述其基本特征和趋势也可以成为好的学术类调研报告。

8.3.1　多元化：学术类调研报告的类型划分

学术类调研报告可以看作学术成果的一种展现方式，往往是在学术调研活动完成后进行的总结工作，通过文字、图表等形式将研究过程、方法、结果等呈现出来。学术类调研报告的目的在于将研究过程如何开展、取得了哪些发现和结果、这些发现和结果对于认识及解决问题的学术价值展现给相关领域的读者。

学术类调研报告因其分类标准不同，大致可以分为以下几类。

（1）描述性调研报告和解释性调研报告

描述性调研报告主要是通过对调研对象进行系统、全面的描述，向读者展示某类社会现象的基本情况、发展过程及主要特点。从写作的角度看，描述性调研报告的内容要广泛、细致、全面，力图使读者对调研对象有整体的认知和了解。

解释性调研报告则着眼于解释说明产生某类现象的原因，

或者阐明不同社会现象之间的关系。诚然，解释性调研报告并不完全排斥描述性内容，只是这些描述性内容相对较少，用于辅助解释和说明而做的必要描述。

（2）学理性调研报告和应用性调研报告

学理性调研报告的内容和结构往往比较紧凑严谨，其在研究设计、研究方法方面需要着重阐述，尤其是在样本选取、变量测量、资料收集和处理等方面，而且通常围绕学术领域的话题展开。学理性调研报告往往理论性较强，需要和现有的学术理论进行一定程度的对话。因此，学理性调研报告往往以解释性调研报告的形式出现。

应用性调研报告则一般是提供给政府决策部门或企业管理者、对他们的实际工作进行一定的指导和建议的报告。相对而言，这种报告往往采用描述性报告的形式。

（3）定量调研报告和定性调研报告

两者的区别主要在于使用的调研方式和资料性质不同。定量调研报告主要是通过问卷、实验等方式收集数据，其调研资料往往是可以进行计算的数据，其结果呈现往往是数据分析和统计结果，然后通过数量化、图表化和逻辑性强的内容和结构来表达。相对而言，定量调研报告的格式较为固定、统一。

定性调研报告一般是通过访谈或观察收集资料，其资料一般是文字或图片，通过对这些文字或图片资料的整理分析撰写调研报告。报告中使用的往往也是经过筛选加工的文字或图片资料，而不是统计数据图表等。相比而言，定性调研报告的写作方式比较多元，在呈现方式上对描述和分析、资料和解释之间的界限也不是十分明显。

明确学术类调研报告的类型，有助于作者在写作中厘清写作方式。如果是以描述性的方式写作解释性的报告，那么报告会显得不够深刻；如果是以学术性报告的方式写作应用性的报告，就会陷入理论化和抽象化的问题。

8.3.2　区别化：学术类调研报告的结构分析

虽然学术类调研报告有若干类型，但是在行文规范和内容架构上具有一定的相似性。学术类调研报告一般由标题、摘要、目录、引言、方法、结果及讨论、附录等部分构成。

学术类调研报告的构成与政府类调研报告、企业类调研报告有一定的相似性，但也有一些区别，主要在于在引言、方法、结果及讨论部分。

（1）引言

学术类调研报告的引言中一般要有文献回顾，是已有相关研究对调研主题的研究成果或结论，而现有调研报告需要在此基础上对这些理论进行回应或对话。文献综述一般出现在上述学理性报告或解释性报告中，并且会占据比较大的篇幅，其内容包括对已发表的研究成果的总结和评论。而在应用性报告或描述性报告中，文献综述则相对出现较少。文献评论部分要对以往研究的优点、不足和贡献进行批判性分析与评论。需要注意的是，对于其他研究中使用的、与自己的研究相同的概念或变量要仔细地检查比较，避免出现同名不同义的现象。

（2）方法

相比政府类调研报告和企业类调研报告，学术类调研报告更加重视方法的阐述，尤其注重方法的科学性。不同的研究方式往往由不同的资料收集方式、资料分析方法及特定的程序、技术构成，因为它们本身包含的方法论是不一样的。因此，采用不同研究方式的调研报告中，方法部分的内容和重点是不一样的，需要详细说明。例如，在定量调研报告中，作者要详细说明整个调研过程中使用的抽样方法、抽样对象、样本量、推断误差，以及在数据分析过程中使用的统计方法和模型等；在定性调研报告中，作者要具体阐述访谈对象的选取、访谈过程的细节，详细介绍田野观察地点的选取和进入方式，为何这么选取，以及如何开展实地调查。之所以要这样详细介绍研究方法部分，是因为学术类调研报告对调研方法的科学性要求更高。如果没有采用科学合理的调研方法，那么整篇调研报告在信度和效度上就会大打折扣。

（3）结果及讨论

学术类调研报告的结果及讨论部分的主要目的是总结调研报告情况，而不是具体提出相应的政策建议。政策建议部分主要出现在应用性报告中，而学理性报告或解释性报告则相对较少地会提到政策建议。大多数学术类调研报告的主要目的是与现有的理论进行对话，因此结尾部分更多是讨论本次调研对已有研究的推进或创新，最后还需要表明存在的不足，为以后的研究开展提供空间。

从普遍意义上看，高质量的学术类调研报告需要尽量做到问题明确、表达准确、资料充实、立场客观、方法科学、逻辑严谨。首先，在写作过程中，要紧紧围绕研究问题展开分析论述，尽量使用清晰准确的语言呈现观点，并用调研过程收集的翔实资料来支撑。其次，陈述事实要力求客观，避免使用主观或感情色彩较浓的语句，叙述时最好使用第三人称或非人称代词，尽量避免使用第一人称。再次，需要详细介绍调研的方法及过程，资料分析和论证严谨，并做到观点和资料的高度契合。

8.3.3 沙漏式：学术类调研报告的撰写过程

学术类调研报告的撰写过程与企业类调研报告的撰写过程大致相同，需要经历确定主题和研究问题、拟定提纲、选择资料、撰写报告初稿、修改完善等步骤。

（1）确定主题和研究问题

学术类调研报告需要确定一定的主题，在主题范围内往往还需要提出比较明确的研究问题。研究问题是需要经过调研才能够回答的，并且最好还要有一定的理论性。而政府类调研报告和企业类调研报告的研究问题往往是比较具体的，或者比较浅显的。例如，对某些社会问题和现象的基本情况描述和分类。但是在学术类调研报告中，在研究主题框架之下还需要作者问为什么的问题，也就是为什么会出现某些社会问题或现象，这样在调研过程、资料收集和分析撰写的过程中就有了明确的方向。

（2）拟定提纲

拟定提纲与前面两类报告有一定的相似性，但学术类调研报告的提纲相对而言更加模式化，需要在引言、方法、结果及讨论等部分将提纲更加细化，提出二、三级标题，在此基础上完成调研报告的内容。学术类调研报告形式的模式化并不意味着学术类调研报告更容易写。相反，由于学术类调研报告的创新性要求更高，方法和逻辑要求更严，对写作和思考能力的要求更高。

（3）选择资料

撰写调研报告的思路一般是"宽—窄—宽"，就像一个沙漏。调研报告从引言开始到提出研究问题，这个过程就是从宽变窄，即从一个较为宏大或更高层级的主题逐渐向下聚焦，直到作者提出研究问题，介绍调研过程、研究方法和分析结论。在结论部分，要注意拓展到其他领域，这部分是由窄变宽的过程。有学者将这种写作模式称为"沙漏模式"，在"宽广"的引言部分向读者提供研究问题形成的背景和意义，而在相对较窄的方法和结论部分则使读者更加聚焦本研究的成果内容。

（4）撰写报告初稿

在拟好调研报告的提纲之后，就可以按照提纲撰写报告的具体内容。撰写报告往往是一气呵成的，写作过程中最好不要因为一些小的环节而停下来推敲修改，这样反而会耽误整体的写作进度。

报告的撰写方式有两种。一种是在调研过程中边收集资料边撰写，这种写作方式的好处是随着调研的结束，报告内容也基本完成。这需要对调研有较详细周密的计划，即每一步调研都能收到预想的调研资料，收集的资料即可以填充已有的调研报告。第二种是在调研资料收集完成后才开始写作，这种撰写方式相对稳妥，通过对调研资料的整理分析，然后结合调研主题，拟定大纲并进行写作，将分析好的资料填充到框架中。这种撰写方式的优势在于能够很好地平衡各方资料，即使调研过程中出现意外也能有调整的空间和时间。这种写作方式较常见，但其写作时间会相对较长。

（5）修改完善

撰写完成初稿只是完成报告的第一步，而好的调研报告往往是在修改中产生的。修改报告的任务具体有以下内容：

第一，检查引用资料的合理性和准确性，检查报告中的概念和观点是否明确，表达是否准确到位；

第二，检查报告的基本思想是否与调研主题和问题相契合，是否符合调研的目的和学术的旨趣；

第三，检查报告的行文和语言风格是否流畅，形式和格式是否规范。

一般而言，修改完善报告往往比撰写报告更加困难，甚至需要大量的删减。另外，在撰写报告的过程中，作者可能会发现新的问题或想法，需要重新分析资料，甚至再去收集资料，这也会影响撰写的进度和过程。撰写学术类调研报告时，尤其在参考文献部分需要引用别人的论述、结果、数据、资料等支持自己的观点或结论时，要在文中加入注释。在修改完善中要注意注释的使用。例如，使用脚注或尾注的方式，在引用的资料后面用括号对相关来源或出处做出说明。脚注的方式是在引文的右上方加上注释编号，然后在该页的最下端做出解释，这种方式在很多学术文章中比较常见。章节尾注与脚注的方式类似，但是解释的内容会放在报告的结尾。脚注和尾注的内容一般是引用词句的意义、出处、时间，还有其他补充说明等。

8.4 本章回顾

本章对政府类、企业类和学术类三种调研报告的撰写方式进行详细介绍，最后将其总结在表 8-1 中，以此能更直观地看到调研报告在三种应用场景中的异同点。

表 8-1 政府类、企业类、学术类调研报告写作对比

	种类	结构	特点	写作要求或流程
政府类调研报告	总结经验类、揭示问题类、综合调查类	递进式、并列式	政治性、权威性、现实性、科学性，避免学术化	结合定性定量分析，辩证地看待问题和分析问题
企业类调研报告	综合报告、专题报告、说明性报告；内部管理调研报告和外部环境调研报告	前言（标题、授权书、摘要、目录），主体（引言、正文、结论建议），附录（问卷、提纲、案例等）	严谨、具体、简明、通俗，避免绝对化和模糊化	确定调研报告的主题，选取必要的数据资料，拟定报告提纲，撰写报告初稿，修改完善报告
学术类调研报告	描述性报告与解释性报告、应用性报告和学理性报告、定性报告和定量报告	标题、摘要、目录、引言、方法、结果及讨论、附录	问题明确、表达准确、资料充实、立场客观、方法科学、逻辑严谨	

三种调研报告的相同点主要表现为都要求主题明确或问题清晰，而且表达准确、资料充实、论证严谨。

三种调研报告的不同点主要表现在报告类型、报告结构、报告作用和特点等方面。首先，政府和企业类调研报告看上去有些相似，政府类调研报告有总结经验类、揭示问题类和综合调查类，企业类调研报告有综合报告、专题报告和说明性报告；然而，企业类调研报告还有针对企业自身问题的内部管理调研报告，这种类型在政府和学术类调研报告中则相对少见。另外，学术类调研报告的划分标准相对更加多元，因此其种类更加丰富，有描述性报告和解释性报告、学理性报告和应用性报告、定性报告和定量报告等。但这些类型之间有重合，比如定量报告可以是描述性报告，也可以是解释性报告。其次，在报告结构上，政府类调研报告的结构相对简洁和开放，报告的篇幅相对较短，而企业和学术类调研报告的结构则相对复杂和固定，报告的篇幅相对较长。尤其是企业类调研报告，在正文前面有更多的内容。再次，在报告作用和特点上，政府和企业类调研报告的应用性较学术类调研报告更强，前两种调研报告要有助于解决实际工作存在的问题，因此其表达方式要求通俗易懂，这样才能让读者清晰直观地从中找到研究问题的解决方案。然而，学术类调研报告除了在应用性报告有此作用之外，其他类型的报告更多要回答和解释具有学理性的研究问题，因此其表达方式会相对专业化，即需要读者有相关学科背景。

调研报告写作水平的提高不仅在于对其认识和理解的程度，更重要的是在正确的认知下不断反复地练习。在写作练习过程中，写作者还要勤于思考、善于思考，培养洞察力、审时度势、总结经验，这样才能不断提高写作水平。

1. 陶孟和. 社会调查 [J]. 新青年, 1918, 4 (3).

2. Stuart Chapin. *Field work and social research* [M]. The Century Company, 1920.

3. 水延凯. 中国社会调查简史 [M]. 北京: 中国人民大学出版社, 2017.

4. 费孝通. 社会学调查要发展 [J]. 社会, 1983, (3): 10-14.

5. [美] 劳伦斯·纽曼著, 郝大海译. 社会研究方法: 定性和定量的取向 (第五版) [M]. 北京: 中国人民大学出版社, 2007.

6. [美] 艾尔·巴比著, 邱泽奇译. 社会研究方法 [M]. 北京: 华夏出版社, 2018.

7. 费孝通. 费孝通民族研究文集新编 (上下) [M]. 北京: 中央民族大学出版社, 2006.

8. 风笑天. 调查社会, 认识中国: 费孝通《社会调查自白》给我们的启示 [N]. 中南民族大学学报 (人文社会科学版), 2010, 6: 1-5.

9. 费孝通. 社会调查自白: 怎样做社会研究. 上海: 上海人民出版社, 2009.

10. 李景汉. 回忆平教会定县实验区的社会调查工作 [A]. 河北文史资料选辑第 11 辑 [C]. 石家庄: 河北人民出版社, 1983.

11. 风笑天. 社会学研究方法（第五版）［M］. 北京：中国人民大学出版社，2018.

12. 孙凤. 社会统计学［M］. 北京：中国人民大学出版社，2021.

13. 艾尔·巴比，邱泽奇译. 社会研究方法：第 10 版［M］. 北京：华夏出版社，2005：362.

14. 毛泽东. 毛泽东选集（第一卷）［M］. 北京：人民出版社，1991.

15. 毛泽东. 毛泽东农村调查文集［M］. 北京：人民出版社，1982.

16. 任仲然. 怎样写作［M］. 北京：党建读物出版社，2019.

17. 谢亦森. 大手笔是怎样炼成的（实践篇）［M］. 武汉：长江文艺出版社，2013.

18. 山东省人民政府政策研究室. 山东省政府系统优秀调研成果选编（2016 年度）［M］. 北京：中国经济出版社，2017.

19. 刘宝珊. 调研理论与操作实务［M］. 北京：中国民主法制出版社，2021.

20. 殷智红. 市场调研实务［M］. 北京：北京大学出版社，2016.

21. 张西华. 市场调研与数据分析［M］. 杭州：浙江大学出版社，2019.

22. 风笑天. 现代社会调查方法（第三版）［M］. 武汉：华中科技大学出版社，2005.

23. 范伟达，范冰. 社会调查研究方法［M］. 上海：复旦大学出版社，2010.

24. 符平. "嵌入性"：两种取向及其分歧［J］. 社会学研究，2009，4：141-164+245.